JN234236

企業ブランド
デザイニング

プラクシス株式会社 代表
ブランドデザイナー
原田 進

実務教育出版

はじめに

「我社がブランド企業だったら、どんなに営業が楽だろう」
「ブランド企業に入社できたら、どんなに鼻が高いだろう」
　企業の経営者や一般の社員、学生から、このような声なき声が聞こえてきますが、本書は、あなたの会社を「ブランド企業」にするための本です。
　ブランド企業というのは、必ずしも、大きくて有名な会社のことではありません。最近は「ナンバーワンではなく、オンリーワンをめざそう」ということが言われるようになりましたが、知られるべき人にしっかりその存在を知られ、「立派な会社」という評判を築き、提供する商品やサービスが信用を得、社員もその手応えを感じ誇りをもって仕事をしている企業、それがブランド企業なのです。
　あなたの会社がトップ以下全社員、さらに後継者たちが誠心誠意仕事に取り組めば、100年後にはこうしたブランド企業になることは可能でしょう。しかし、「コツコツまじめにやっていれば、いずれ人々に自分の会社のよさがわかってもらえる」ということでは、今日の厳しい経営環境の中で生き残っていくのは難しいのです。
　"物の価値"よりも"情報の価値"が人々の判断基準となってきた高度情報化社会では、努力している企業の姿勢を巧みな情報操作によって社会に伝えなくてはならないのです。
　中身は立派な会社なのに、ブランド企業になりきれていない多くの企業は、この情報操作に問題があります。えてして企業自らを表現することに無頓着であり、またそうした情報伝達戦略を展開することが苦手です。

これまで数多くのブランドに関する本が出ていますが、当初は商品ブランドの本ばかりでした。しかし、「ブランド」が、エルメス、シャネル、ルイ・ヴィトンといった商品ブランド止まりの話だったら、こうもビジネス社会で長い間注目されることはなかったでしょう。
　商品・サービスの背後には企業ブランドが存在し、商品・サービスブランドと一体化しています。ルイ・ヴィトンは単に「よい品質の鞄製品屋さん」なのではなく、一流の品質を維持するための企業活動があり、その背景には企業理念があります。
　ブランド企業として人々の尊敬を得るためには、しっかりした企業アイデンティティをもつ必要があります。企業が誕生し歩んでいく過程では、急成長したり、停滞したり危機に陥ったりといった節目がいくつもあり、その時々で、周りを見直し、自らを問い質しながら変化していきます。そこにしっかりとしたアイデンティティがあれば、技術変革や業容変革にさらされながらも、企業行動の一貫性は保たれ、「しっかりして、きちっとした会社だ」と人々に意識され、親しまれ、尊敬されるようになっていくのです。

　企業ブランドは、企業実体と企業イメージが重なったものです。企業が情報化されたものともいえます。不透明な時代だからこそ、人々は企業のブランド＝イメージに判断と行動の手掛かりを求め、企業も自らを"レッテル化"して、シンボリックに表す必要が強まっています。
　私は、これまで30年間に350社以上の企業ブランドの立ち上げ、またはブランド再整備にブランドデザイナーとして関わってきました。本書はその仕事をベースに、企業ブランドを確立するための情報操作の中で特に重要な視覚伝達、つまり、ブランドデザイン開発の戦略と実務についてまとめたものです。

これまでブランドデザイナーとして、多くの経営トップや幹部と方々と仕事をしてきましたが、論理性を重視する企業の方と感性を重視するデザイナーとが共同作業を行ううえで、お互いがどう協働していったらよいのかというノウハウも、試行錯誤のなかで蓄積してきました。本書には、そうした企業の方々との生々しいやりとりも盛り込み、よりリアルにデザインの現場を実感してもらえる内容にしたつもりです。

2003年 9月　　　　　　　　　　　　　　原田 進

企業ブランドデザイニング

はじめに

1　ブランド資産価値 ——————————————— 1
ブランディングとは
企業のブランド価値評価
ブランドの資産価値に目覚める企業
ブランドの危機管理
企業のブランド性を高める広報活動
イメージギャップの弊害
人はなぜイメージ情報に頼るのか
視覚イメージを伝達するシンボル

2　チームを結成する ——————————————— 11
"ブランドの素"作り
ブランディングチーム
ブランディングの発案
ブランディングの事前検討
推進チームのリーダー
学習するチーム
外部コンサルタント
プロデューサーを見極める
外部コンサルタントとのつきあい方
デザイナーの選び方
企業とデザイナーとの運命的な出会い

3　自己確認のための調査 ————————————— 25
企業アイデンティティとブランドイメージ
自己確認調査で浮き彫りにされる問題

未来価値の創造につながる資源を探す
自己確認調査の方法と対象
社員へのインタビュー
トップインタビュー
デザイナーがトップに直接会う意味
取引先へのインタビュー
顧客や学生へのインタビュー
オピニオンリーダーへのインタビュー
予備調査と調査予見

4 ブランドビジョン ——— 41
ビジョンなしで企業理念は作れない
ビジョンとブランド
演繹的アプローチのビジョン策定
ビジョン作りの難しさ
社員参加型のビジョン会議
姿のイメージから入るビジョン作り
ビジョンが会社と人を動かす
ビジョン会議はブランディングの要

5 ブランド理念の確立 ——— 51
変化に対応した理念の見直し
理念は言葉のシンボル
ブランド理念の力
ブランド理念の表現を変える
ブランド理念の表現スタイル
ブランド理念と行動規範
ブランドステートメント

6 ブランドネーミング ——— 59
社名開発の新しい展開
サービスマーク登録制度の影響

社名をブランドネームに統一
社名変更に対する社員の反発
社名変更したら知名度は下がる
ブランドネーム（社名）開発の専門家
よいブランドネーム（社名）の条件
商標条件のクリア
ブランドネーム開発プロセス
自然語によるネーミング
造語によるネーミング
AGRネーミング

7　ブランドデザイナー ——————— 77

ブランディングにおけるデザイナーの役割
ブランドデザイナーの特徴
ブランディングデザインの仕事は異分野の専門家との協働
企業と人々を結ぶシンボル
社長との関わりが密で深いシンボルデザイン
シンボルデザインは論理性のフィルターが何度も入る
シンボル＆デザイン展開は開発期間も使用期間も長い
シンボル＆デザイン展開は範囲が広い
シンボル＆デザイン展開はシステムである

8　ブランドデザインの準備 ——————— 87

まず、共通のデザイン言語作りを
デザイン展開アイテム
主要デザイン展開物
デザイン展開物台帳作り
デザイン展開物視覚監査
監査（評価）の目的1：「引き戻し防止」
監査（評価）の目的2：「期待感の醸成」
監査（評価）の目的3：「デザインの学習」
現状のデザインにケチをつけすぎない

問題点1:「ブランドシンボルが古い」
問題点2:「デザインがバラバラである」
問題点3:「デザインに国際性がない」
問題点4:「他社のシンボルに類似している」
視覚監査プレゼンテーション
社内情報伝達物監査
社外情報伝達物監査
デザイン展開アイテムを整理してコストダウン
競合他社のデザインを集め、調べる
シンボルデザインコンセプト
デザイン照準
イメージ照準
イメージ照準のチェック項目
　＜先進性・未来性＞……先進的なデザインか？
　＜活動性・躍動性＞……ダイナミックなデザインか？
　＜斬新性・新奇性＞……目新しいデザインか？
　＜都会性・知性＞……スマートなデザインか？
　＜親近性＞……一般受けするデザインか？
　＜信頼性＞……安心されるデザインか？
　＜人間性＞……素朴で優しいデザインか？
機能照準
　＜独自性＞……個性がありユニークか？
　＜伝達性＞……わかるかどうか？
　＜耐久性＞……新鮮さが失われないか？
　＜話題性＞……目立つかどうか？
　＜展開性＞……デザイン展開しやすいか？
デザイン照準の優先順位をはっきりさせる
デザイン照準における比較検討のジレンマ
一般書体の検討

9　アイデア出し（アイディエーション） —— 125
ブランドはシンボル次第

シンボルは理屈から飛躍する
シンボルに企業理念を込める
天才レベルの芸術性が求められるシンボル作り
凡才が天才レベルに届くには
シンボルのアイデア出し（アイディエーション）
発想は具象からスタートする
とにかくたくさん考える
フィンガーストーミング
クールアイディエーション
アメリカにおけるアイデア出しの現場
イギリスにおけるアイデア出しの現場
集団創造におけるアメリカの平等意識
アイデアのクレジット
"手柄"が明確にされるアイデアクレジット会議
アイデアの段階的絞り込み
第1次絞り込み（2000案→200案）
第2次絞り込み（200案→8案）
第3次絞り込み（8案→3案）
絞り込んだ8案に「通信簿」をつける
第3次絞り込み前の事前調査
なぜ最終候補を3案に絞るのか
最終候補案の意味が重要

10 デザインプレゼンテーション ───── 163

トップを交えたプレゼンテーション
なごやかな雰囲気を演出する
トップの決断をめぐる危機
「気に入ったデザインがない」と言わせない工夫
トップと一緒に階段を登る経過説明
デザイン決定におけるデザイナーの立場
多数決の弊害
トップの出席は不可欠

未来をつかむデザイナー
トップの質問に対するデザイナーの態度
質問・指摘1:「○○社のシンボルに似ていないか?」
質問・指摘2:「こういったアイデアは考えられないか?」
質問・指摘3:「A案とB案のよいところを合わせられないか?」
プレ・プレゼンテーションでのハードル
形が先で色は後に検討する
バッジでシンボルを決めない
企業合併と上場狙い企業のプレゼンテーション
さまざまな最終決定の瞬間
最終決定の際の注意点
最終決定されれば雑音も消える

11　形と色の精緻化 ───── 189
「美的に磨く」ことと「実用的に磨く」こと
精緻化作業のポイント1:線の太さの検討
精緻化作業のポイント2:角度の検討
精緻化作業のポイント3:全体と部分の形のバランス検討
精緻化作業のポイント4:再現性の検討
各要素の組み合わせ検討
時代の流れで形と色も変化する
定期点検と感覚修正
形は12年、色は6年周期で修正
マスターアート
色の詰め
色は多弁で奥が深い
企業ブランドカラーに使える色
色は個人の好みが激しい
色の好みの年齢差、地域差
ブランドカラーは1色だけ選ぶ
企業ブランドカラーの決め方

12　ブランドデザインの展開 ──────── 213
デザイン展開の基本
社名（ブランドネーム）特別書体
ブランドステートメント（ブランドスローガン）
指定書体
企業ブランドパターン
企業ブランドデザインシステム
シグネチュアシステム
不可侵領域規定（アイソレーション規定）
デザイン展開の最重要アイテム
デザイン展開アイテム1:〈名刺〉
デザイン展開アイテム2:〈社旗〉
デザイン展開アイテム3:〈バッジ〉
デザイン展開アイテム4:〈封筒〉
デザイン展開アイテム5:〈便箋〉
デザイン展開アイテム6:〈サイン〉
デザイン展開アイテム7:〈店舗〉
デザイン展開アイテム8:〈車両〉
デザイン展開アイテム9:〈企業広告、商品広告〉
デザイン展開アイテム10:〈パッケージ〉
デザイン展開アイテム11:〈展示会イベントのスペース、紙バッグ〉
デザイン展開アイテム12:〈ユニフォーム〉
デザイン展開アイテム13:〈内装、外装〉
デザイン展開アイテム14:〈製品〉

13　ブランドデザインマニュアル ──────── 257
マニュアルの役割
デザイナーによるデザインの破壊
ブランド管理者によるデザインの破壊
マニュアルに不可欠な要素
マニュアルはデザイナーのガイドライン
マニュアルは見かけも重要

ブランドデザインに関する問い合わせ先を明記
マニュアルの内容 1：基本デザインシステムの説明
マニュアルの内容 2：展開デザインシステムの説明
マニュアルの副読本
ブランド表現のための指導
社外発表キャンペーン
社内へのブランド理念浸透
新企業ブランドは未来の先取り

おわりに ——————————————— 271

著者経歴・実績

カバーデザイン・本文図版
プラクシス（株）

ブランド資産価値　　　　　　　　　　　　1

ブランディングとは

　「ブランド」という概念がビジネス社会で注目されるようになり、書店にはデービット・A・アーカーの『ブランドエクイティ（資産価値）戦略』や『企業価値を高めるブランド戦略』をはじめとする多くの関連書籍が並ぶようになりました。また、「ブランディングで企業価値を上げよう」がセールスポイントの、「ブランディングコンサルタント」も多数登場しています。
　「ブランディング」とは、普通の企業を、意図的に、短期間でブランド企業にするための、プロセスとノウハウの意味で、本書でもこの言葉を使っていきたいと思います。
　これまでブランドの本に取り上げられた約100社の企業は世の中の多くの人が、「あそこはよい会社だ」と認める、有名ブランド企業です。それらの企業は50年〜100年という歴史があり、長い間の努力の結果、そのポジションを獲得したのだと考えられています。100年間にできた何千万という世界の企業の中で、現在、有名ブランド企業として人々に認知されている会社はその確率から言っても、偶然生き残った運のよい企業としか言いようがありません。
　そうした企業の歴史を紐解いてみると、たまたまその企業に経営とイメージ伝達の並はずれた才能を備えた天才が出現していることがわかります。地の利、時の運は100年間で大きく変転するわけですから、その変転の中でその後の企業努力の積み重ねが活きるような路線をこの天才が築いたことで、ブランド企業としてのポジションを獲得したのです。
　皆さんの会社では、こうした何十万分の一の確率の天才の出現をアテにできないし、この変化の激しい時代に50年も100年も時間を費やすわけにはいきません。あなたの会社をブランド企業にするためには、すでにブランドを確立した企業に共通したノウ

ハウを学び、それを忠実に実行すればいいのです。短期間で効率的にブランド企業化できるそのノウハウこそが「ブランディング」なのです。

企業のブランド価値評価

　『ファイナンシャルワールド』誌では、毎年、企業のブランド価値を金額に換算したランキングを発表しています。ある年の第1位は「コカコーラ」でブランド価値は5兆2000億円、2位が「マクドナルド」で2兆2700億円でした。日本でも『週刊東洋経済』が毎年「企業ブランド価値ランキング」をやっています。

　コカコーラは、まさに"お化けブランド"といえますが、では仮にコカコーラが会社を他人に譲渡する際に、買い取る人がブランド価値料の5兆2000億円を支払うかといえば、答えは「ノー」でしょう。ブランド価値はあくまで企業の実体があっての付加価値なのです。

　企業のブランド価値評価の草分けはイギリスの「インターブランド社」で、1988年「イギリスのRHM食品会社のブランド価値は1289億8950万円」と割り出して、同社はこの数字をバランスシートに計上し、それが初めて公式に認められました。ブランド価値の算出方法もいろいろあって、「インターブランド方式」の他にもアメリカのスターンスチュワート社の「ブランドエコノミックス」などがあります。

　日本でも一橋大学大学院教授の伊藤邦雄氏が世界標準になりうるという意気込みで2000年にブランド価値測定モデルを発表しています。

ブランドの資産価値に目覚める企業

　日本でも、「ブランド＝資産価値」という考え方に多くの企業

が目覚めています。2001年4月には日立製作所が、グループ600社に対して「これからはHITACHIブランドの使用料を徴収する」と発表して話題を呼びました。

例えば「日立ハイテクノロジー」と社名変更した「日製産業」は、500億円程度のブランド使用料を日立製作所に支払うそうです。これまでタダ同然で使わせていた名称やシンボルも、ブランドに対する企業の価値観が変われば500億円ものお金が実際に動くことになるのです。

今後、日立のグループ各企業は、お金を払ってHITACHIブランドを使わせてもらうか、独自のブランドをつくり育てていくか、選択を迫られるでしょう。グループの中でも優等生の日立ビルシステム、日立キャピタル、日立電子サービスの3社は、すでに10年以上前からHITACHIブランドを使わず、「BUILCARE」(日立ビルシステム)、「NOVA」(日立キャピタル)、「DENSA」(日立電子サービス)という独自のブランドを築いています。ただし、社名に「日立」と使っているので、HITACHIのブランド使用料ほどではありませんが、名称使用料を日立製作所に支払っているそうです。

日本にもかつて「のれん」というブランドに似た概念がありました。長い間尽くしてくれた番頭に「のれん」を分け、同じ屋号で商売することも許しました。新たに店の主人になったかつての番頭は、「のれんの重み」(責任)を感じ、家訓(理念、行動指針)を実行し、「のれんを守り」(信用と存続)ました。

現代は、子会社に親会社の社名を使わせることにこうした伝統が受け継がれていますが、「のれんを守る」というイメージからか、ブランド使用に対する考えや約束ごとも曖昧でした。しかし、欧米の合理主義的考え方でブランドの資産価値をシビアに割り出せるようになった今、「ブランドで攻める」を前提として、日立製

作所のような対応をする企業が多くなっていくでしょう。

ブランドの危機管理

　ブランド＝資産価値ということは、価値が増大することばかりではなく、価値が減少する、あるいは価値がなくなる危険性もあるということです。

　「のれんの重み」は人が守りますが、ブランドはマスコミと連動しているだけに、企業に何かまずいことが起きた時は、大きなダメージを受けます。どんな企業も、長い歴史の中で必ず何らかの問題が起きます。問題も大きくなると「不祥事」となり、新聞、テレビ、雑誌でやり玉に上げられます。

　そうした報道では、必ずといっていいほど、その会社のシンボルマークが背景に使われ（残念ながら、私がデザインしたシンボルもテレビ、新聞に登場したことがあります）、社長も企業のシンボルとして記者会見に引っ張り出され、日本の風習にしたがってテレビカメラに向かって深々と頭を下げます。

　企業側も防戦一方でなく、その裏でブランドの傷を最小限に止めるための積極的な情報操作を展開します。しかし、それでもダメージがぬぐえないと判断した時は、別のブランドを打ち立て、会社の危機を切り抜ける努力をします。有名ブランド企業も一度や二度はそういった危機を乗り越えて今があるのです。

　また、強力なブランドイメージが確立された企業の社員は、「このブランドが付いているだけで、信用され、黙っていても買ってもらえるだろう」と、いつの間にかそのブランドの上にあぐらをかいてしまうことがよくあります。そして「よもやこのブランドがダメージを受けることなど、ありえない」と信じ込んで、危機管理がおろそかになってしまいます。

　どんなに確立された立派なブランドも、半分は実体と離れたイ

メージと情報価値だという現実を知らないと、おごりが出て取り返しのつかない問題を引き起こすことにもなりかねません。会社の理念と行動指針を常に再確認するとともに、ブランド表現のメンテナンスを怠らず光を放つように磨いていれば、少々泥をかぶっても、洗い流せるかもしれません。

企業のブランド性を高める広報活動

　有名ブランド企業の歴史を調べると、100年前からその時代時代で、最大の効果のある媒体を駆使して、非常に巧みな広報活動を行ってきたことがわかります。どこが巧みかというと、商品の広告をしながら、同時にその会社自身の経営姿勢や哲学も効果的に売り込んできたのです。つまり、「コーポレートコミュニケーション（CC）戦略」が、じつに巧みだったということです。

　企業が発信する情報の中で、新商品情報や新技術情報は「フロー情報」と呼ばれ、企業の経営姿勢や哲学についての情報は「ストック情報」と呼ばれています。商品や技術はその時々で価値が変動するので「浮いた、変化する」もので、企業の経営姿勢や哲学は簡単には変わらない「蓄えられた、動じない」ものという意味です。

　有名ブランド企業の創業者や功労者は、CC戦略に関する知識をもたなくても、物づくりと同じこだわりで、企業コミュニケーションに磨きをかけてきました。例えば、経営姿勢や哲学を表す言葉に磨きをかけていくと、詩的、文学的表現レベルになるし、図柄に磨きをかけると美術工芸的レベルになり、芸術に昇華して人々を感動させ心に印象づけるのです。「ART」は技術という意味もあるように、技術もつきつめれば芸術になります。名経営者で「経営は芸術だ」という人が多いのも同じことで、ARTにならなければブランドにならないのです。

「広報」というと、新聞広告を思い浮かべますが、ニュースリリースから商品カタログまで全ての手段を駆使します。たしかに、全国紙に全面広告を打てば会社の知名度は上がりますが、資金が続きません。ブランディングにおける広報は、「広告で商品情報を伝えながら、横で会社の経営姿勢をそっと低い声でささやく」といったイメージです。経営姿勢や哲学といったストック情報は、簡単には伝わりませんし、また伝わったとしても「その企業らしさ」といったイメージ的な情報の断片として伝わります。
　昔は限られたマスコミュニケーション媒体で、ストック情報を発信していましたが、インターネットが普及した高度情報化社会では、伝達手段が大きく変化しています。伝達がよりパーソナルに、より確実にそれも何度もできるようになりました。こうした新たな情報時代に巧みに広報活動を展開できるかどうかで、企業のブランド性の格差は広がっていくのです。

イメージギャップの弊害

　企業の実体とブランドイメージは、タイミングによってズレがあります。このズレを「イメージギャップ」といいます。いつも世間から注目される大企業は、情報量でイメージギャップが埋められますが、あまり世間から注目されない中小企業の場合、イメージギャップは広がる傾向にあります。
　一部上場を果たすような優良企業なのに、企業イメージが悪いため株価が低迷して資金調達に苦労したり、実体に見合った優秀な人材がなかなか集まらないといった問題が生じます。
　人々が企業を評価するための情報には、売上高や利益高、成長率といった「客観情報」と、「商品がよい」「社員の態度がよい」「社長が立派」「広告が上手」といった「イメージ情報」があります。一般の人は、業績の数字などはあまりわからないので、

「イメージ情報」に接して、その企業を大ざっぱに把握する、つまり「企業イメージ」をもつのです。

　企業イメージは、常日頃の企業活動を見聞きして感じたこと、商品を買って感じたことなどが人々の心の中に沈殿して形成されます。心地よい思いが続けば、その会社に対して親近感を抱き、これからも何かよい思いをさせてくれるという期待感が膨らみます。人々がイメージで動くことは、例えばある年のORC意識調査の結果を見ても明らかです。

　この調査では、「同じような商品やサービスだったら、提供している企業イメージで決める」と日本人の89％が答え（ちなみに韓国は98％で、世界一の企業ブランドイメージ国）、「同じ商品やサービスなら有名企業のほうが他より高くても納得する」と61％の人が答えています。

　「イメージ」については、この30年間ビジネスの世界でもいろいろと研究されてきましたが、数値化が難しいことと、人々の感受性が一定しないために、なかなか経営手法に結びつきませんでした。また、「感性工学」という新しい学問分野も登場しましたが、ビジネス分野への広がりのスピードは遅いようです。

人はなぜイメージ情報に頼るのか

　人類はこれまで情報伝達の衝撃的変革を四度経験しています。
　1.言葉の使用
　2.文字の誕生
　3.印刷技術の発明
　4.デジタルマルチメディアコミニュケーションの出現です。
　高度情報化社会の今日では、急速に情報量が増え、情報の伝達スピードが格段に速くなり、表現がよりリアルになって視覚環境がどんどん賑やかになっています。インターネットもブロード

バンド化し、デジタル圧縮と伝送技術で、映画館で観る増幅された映像効果や音響効果を、自分の端末で楽しむことができるようになっています。また、昔は白黒だった新聞、テレビ、コピー機、携帯電話画面がカラー化します。液晶パネルの価格が低下し、最近は動く壁張りポスターまで出てきました。

まさに"情報洪水社会"ともいえる環境の中で、人々は情報過多で頭がパンクしないよう"圧縮技術"を脳の中で会得して自衛します。情報の増大に合わせて脳のメモリーを増やしたくても、生物学的に限界があるからです。

こうして脳の中で圧縮された情報がイメージ情報です。イメージ情報は、いつでも解凍して取り出せるよう、脳にインプットする段階でラベルを付けます。

企業に関する圧縮情報のラベルに当たるものが、企業理念やブランドネーム（社名）やシンボルマークです。企業理念を圧縮加工して社名にし、パターン化してシンボルマークにすれば、企業ブランドイメージの筋が一本通ります。企業理念を1行で表したのが、「コーポレートステートメント」です。「シンボル」は、その企業に関するすべての要素を全部集めて、絞って醸成して出来た企業イメージの"凝縮された一滴"です。

情報の受け手に先回りして圧縮加工した一滴の情報は、イメージの塊として脳の入口で論理チェックを受けることなくすっと受け手の無意識の中に入って、脳内の貯蔵庫の一番取り出しやすい棚に収まります。ある特定情報に注意が向けられることを「選択的注意」といいますが、人々の受信装置のチャンネルがシンボルに合っている「選択的注意」の状態ならば、周波数をうまく合わせることで、企業の発信した情報はなんなく人々の心に入り込むことが出来るのです。

視覚イメージを伝達するシンボル

　「ブランド」は「焼き印、烙印」が語源ですが、ブランドとシンボルが一体化している理由は、シンボルが視覚イメージの伝達手段だからです。

　クジラやサルや鳥は声で、虫は匂いやダンスで情報を伝達しますが、人間は五感で情報を伝達します。川勝久氏の著書『新広告の心理』によれば、五感の中でも65％が視覚伝達に負うそうです（次が聴覚伝達で25％）。

　したがって外部から企業を覗きこもうとすれば、視覚イメージの伝達手段であるシンボルが一番大きな手掛かりとして注意が向けられることになります。ポスターや広告を目にしても、まずブランドネーム（社名）とシンボルに目がいき、脳内の貯蔵庫のデータと照合します。そして、シンボルの発信する情報内容が、受け手の心の周波数に合っていなければ、ただのノイズとして、意識から消されてしまうのです。

チームを結成する 2

"ブランドの素"作り

ブランディングには、3ステップあります。
- ステップ1は企業アイデンティケーション（企業の存在意義と価値）の確立
- ステップ2は、"ブランドの素"を作る、集中するプロセス
- ステップ3はブランドを育てる（ブランド化する）、継続するプロセスです。

「ブランド企業」をめざすブランディングには、

企業ブランディング（企業ブランド確立）のプロセス

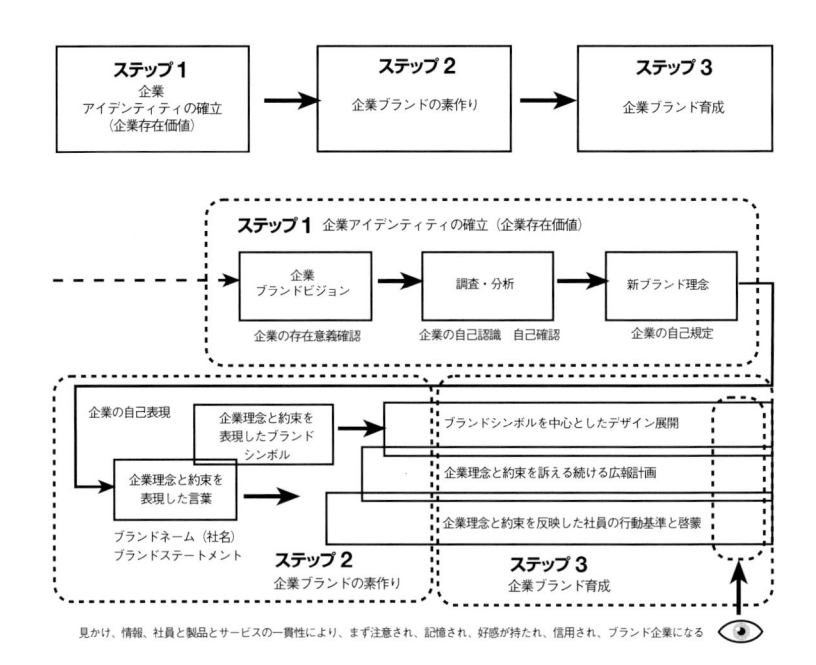

```
┌──────────────┐     ┌──────────────┐     ┌──────────────┐
│  ステップ1    │     │  ステップ2    │     │  ステップ3    │
│   企業        │ →   │ 企業ブランドの │ →   │ 企業ブランド  │
│ アイデンティティの確立│     │   素作り      │     │    育成       │
│ （企業存在価値）│     │              │     │              │
└──────────────┘     └──────────────┘     └──────────────┘
```

ステップ1 企業アイデンティティの確立（企業存在価値）

企業ブランドビジョン	→	調査・分析	→	新ブランド理念
企業の存在意義確認		企業の自己認識 自己確認		企業の自己規定

企業の自己表現

- 企業理念と約束を表現したブランドシンボル → ブランドシンボルを中心としたデザイン展開
- 企業理念と約束を表現した言葉 → 企業理念と約束を訴える続ける広報計画
  - ブランドネーム（社名）
  - ブランドステートメント
- 企業理念と約束を反映した社員の行動基準と啓蒙

ステップ2 企業ブランドの素作り　　**ステップ3** 企業ブランド育成

見かけ、情報、社員と製品とサービスの一貫性により、まず注意され、記憶され、好感が持たれ、信用され、ブランド企業になる

1.企業理念（哲学、使命）
 2.言葉（ブランドネームや社名や企業ステートメント）
 3.形（ブランドシンボルやデザイン展開）
の３つの"ブランドの素"が必要です。

　すでにしっかりとした"ブランドの素"があれば一部の改修工事で済みますが、創業以来ブランドに関する意識もあまりもたず、わき目も振らずに業績を伸ばしてきた会社や、運よく時流に乗って急成長した会社などは、ある時点で自己を見直し、全面的なブランドの改築工事をする必要があります。なにしろ、これから10年20年、運がよければ50年100年と使っていくブランドですから、"ブランドの素"を作るプロセスには、相当のエネルギーを集中してかけることになります。

ブランディングチーム

　ブランディングは、ほとんどの場合、トップの音頭取りで始まり、特に、"ブランドの素"を作る集中プロセスは、組織を上げて行われ、プロジェクトチームが結成されます。

　このブランディングチームは、大きく社内チームと外部専門家チームに分かれ、さらに社内チームは、企業トップを中心とする"意思決定チーム"＝Ａチームと、「ブランディング推進チーム」といった名称で呼ばれる"お膳立てチーム"＝Ｂチームとに分かれます。

　Ｂ「ブランディング推進チーム」は、計画、準備、"ブランドの素"作り、決定といった、ブランディング全般の進行管理をします。多くの場合、ブランディングは外部の専門家チームとの協働作業になるので、その選定作業をし、選んだ後は、仕事を依頼したり、情報提供したり、いっしょに考えたり、最終決定者であるトップに提案したりという要の役割をします。

プロジェクトチームとして社内の各部署から臨時的にメンバーが集められ、その間専任で仕事をする人はまれです。人選の基準は各社まちまちですが、だいたい"エリート"が選ばれます。
　ブランディングチームの規模はケースバイケースで、私が携わった仕事では、社長1人から、最大A、B合わせて50名とさまざまです。Aチームは企業規模に比例しますが、Bチームの適正人数は3名〜7名といったところでしょうか。

ブランディング開発・推進チーム

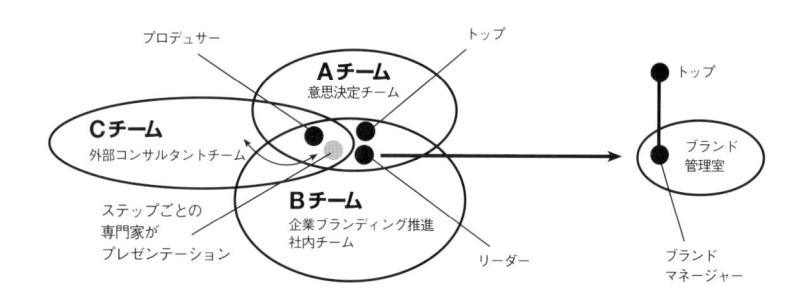

```
        プロデューサー            トップ                    トップ
             ↓                    ↓                        ●
           ┌─ Aチーム ─┐                                    │
          │ 意思決定チーム │                                   │
      Cチーム              ●  ●                          ブランド
    外部コンサルタントチーム    ●                →           管理室
          │                                              ●
           └─ Bチーム ─┘                                    │
    ステップごとの   企業ブランディング推進                     ブランド
    専門家が        社内チーム              リーダー            マネージャー
    プレゼンテーション
```

ブランディングの発案

　仲間のブランディングコンサルタントで、「企業から電話で仕事の相談や依頼を受けても、トップからの話でなければ相手にしない」という人がいます。ボトムアップで始まるブランディングの話は、100パーセント実現しないからだそうです。
　しかし実際、仕事の現場でブランディングの必要性を痛感しているのは、会社のコミュニケーション業務を担当している広報や広告担当者や、販売促進などの企画マンや社内デザイナーです。
　彼らは、他社、特に競争相手のブランディング情報もつかんで

いて、自社の広報活動の阻害要因となっているブランドイメージギャップの問題を何とかしたいと考えています。そこで、何度かトップにブランディングの提案がなされますが、トップがすぐに理解を示すことはまれで、何年か後にトップが自分でどこからか情報を得てきて、「やるぞ！」と号令が下るケースが多いのです。

トップの発案が多いので、ブランディングBチームには経営企画室や総務部の人が入ってきますが、「5年前に提案したことがある」広報や広告担当者がメンバーに選ばれないケースも多くあります。ブランドデザイナーの立場からすると、ブランディング広報実施段階で摩擦が起きたりして説明に骨が折れることがあるので、最初からメンバーに加えておいてほしいと思います。

多くの場合トップから、「これからブランディングをやる」と社内に宣言して、数か月間、長い場合は1年以上かけて"ブランドの素"作りの集中プロセス作業が進みます。ただし、「○月には社名を変えなければならない」という特別な事情の場合は、緊急に集められたスタッフによって急いで作業が進められます。

企業合併によるブランディングの場合は、合併する各企業から代表者が集まって作業が進められ、その会議は合併後の企業文化融和の"準備運動"的な性格をもつようになります。3社合併のN社（食品）は6か月間、毎週夕方から夜遅くまでブランディング会議をやり、たまに参加する我々にも回を重ねるごとに一体化していくのが感じられました。

ブランディングの事前検討

社内Bチームの仕事のとっかかりは「ブランディング事前検討」です。

Bチームはブランディングに対する基礎知識を学んだあと、どの外部コンサルタントと組んで仕事をするかを検討します。

その際、
・開発期間はどのくらいか？
・費用はいくらかかるのか？
・どの程度の効果が望めるのか？

を、各候補コンサルタントに提案させます。

そして、期間や費用を検討しながら、新ブランドの発表のタイミングや、どれくらいのスピードでブランドを切り替えていくかといったことを詰めていき、トップの最終承認を得ます。

この段階で問題となるのが、ブランドの切り替え費用です。ある企業で、サインや店舗の車両マーキングの変更など、ブランド開発費用の何十倍もの莫大な切り替え費用がかかることが後でわかり、「そんなに費用がかかるなら、ブランド切り替えの実施を創業○○周年にあたる5年後に延ばそう」とトップが言い出して中止になったケースもありました。

事前の検討で、「初年度はこれだけの費用をかけ、3年間で段階的に整備していこう」といった計画をしっかり立て、トップに提案することが大切です。

企業ブランディングの場合は、下図の演繹的アプローチがとられる

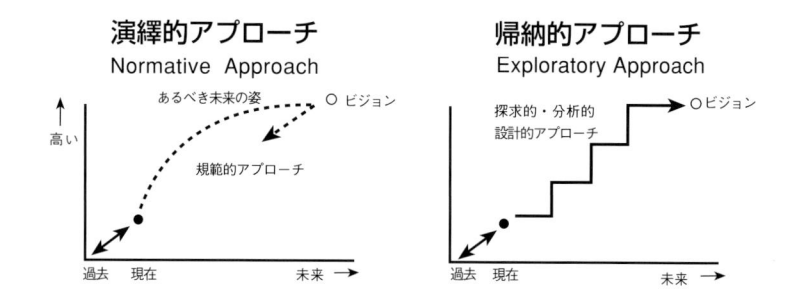

演繹的アプローチ
Normative Approach

（あるべき未来の姿／規範的アプローチ／ビジョン／高い／過去／現在／未来）

帰納的アプローチ
Exploratory Approach

（探求的・分析的設計的アプローチ／ビジョン／過去／現在／未来）

推進チームのリーダー

　Bチーム（ブランディング推進チーム）の仕事の中心は、企業アイデンティティを含む"ブランドの素"作りです。自社の未来を見据え、自社の根幹に触れながら、不確定要素の中から、まとまった形にまとめていく仕事ですから創造的な仕事です。イメージの要素が多く、これほど答えが曖昧で、先の見えないプロジェクトは珍しいでしょう。

　企業内には経験豊かなブランディングの専門家がいるわけではないので、外部コンサルタントとの協働作業の比重が高くなります。

　一般的に、自社のビジョンを見つめ、アイデンティティを確立するまでは、トップグループAチームと推進Bチームは共同歩調をとるものですが、「どういった情報伝達戦略で？」「どういったブランドネームで？」「どういったシンボルデザインで？」といった話になってくると、外部コンサルタントと協働で導き出した案とトップが予想していた案が乖離することが多くなってきます。

　この段階で、推進Bチームのリーダーは、相当な精神的負担を強いられることになります。

　ブランディングは創造的要素が強く、社内の組織ヒエラルキーの外のCチーム（外部コンサルタント）から出される、前例がなく目新しい案が正解だったりします。リーダーにはトップをはじめとするAチームや他の重役を説得したり、逆にトップの意を汲んでコンサルタントに伝える、タフな精神力と調整能力が求められます。人の意見をただ器用にまとめるだけの調整能力だけでは、リーダーは務まりません。

　また、基本的に変化を嫌う社内の抵抗も出てきますので、案を骨抜きにしないために、社内で戦略的に動く機転と固い信念も必要になってきます。

こうした苦労をするなかで、リーダーはトップと同じ視点で自社の未来を見る目が養われ、企業人として大きく成長します。
　外部コンサルタントの間では、「ブランディングの成功はトップ次第、次にチームリーダー次第」とよく言われます。その会社がどういうタイプと能力の人を推進チームのリーダーにしたかで、企業の体質とトップのブランディングに対する認識がわかるのです。

学習するチーム
　通常、推進チームに集められたメンバーにとって、ブランディングは未経験の仕事です。とにかく急いでブランディングの勉強をしなければなりません。その意味で、推進チームは"学習するチーム"でもあります。この本の読者も、そういう状況下で本書を手に取って読まれているのかもしれません。
　ブランドに関する本はたくさんありますが、すでに確立した有名ブランド物語をいくら読んでも、実際にどこから手を付けて、どういう手順で作業を進めたらよいかはわかりません。そこで出入りのコンサルタント会社や広告会社や印刷会社に相談したり、ブランディングコンサルタントに連絡します。大手の広告会社や印刷会社では、ブランドの専門家と専門部署を揃えているので、業務に余裕があれば、要請に応じて説明に来てくれ、ブランディング学習の"レッスン1"が始まります。
　実際には業務を進めながら、ブランディングについての学習と経験を積み重ねていくのですが、1年～2年この仕事に携わるなかで、能力適性のある人は専門家レベルの能力を備えてしまうこともあります。実際、ブランディングのひとくぎり後にその会社を辞めてブランドの専門家になった人を知っています。
　推進チームは"ブランドの素"が出来上がり、啓蒙と浸透計画

も終わって一段落したところで、通常は解散になります。しかし最近、パイオニアのように推進チームを解散しないで、そのままBチームごと「ブランド管理セクション」にするケースも出てきました。

　「さあこれからブランド育成」というステップ3で、チームに参加していない広報・広告セクションに業務がバトンタッチされると、どうしても"ブランドの素"を作り上げた人に比べて思い入れも理解も浅く、ブランディングの流れが切れる可能性があります。その意味で、推進チームで学習した知識を、後のブランド育成につなげられるパイオニアの例は理想的です。

外部コンサルタント

　外部コンサルタントは、大きく2つのグループに分かれます。一つは、独立系のブランディングコンサルタント会社で、私がざっと思い浮かべる大手だけで日本には7社あります。うち5社は欧米の会社です。もう一つのグループは、大手の広告会社や印刷会社、経営コンサルタント会社で、社内にブランディングについてのコンサルタント部門をもっています。

　両者の大きな違いは、前者は基本的に全て一社で仕事を完結してしまうのに対して、後者は社内にブランドプロデューサーがいて、調査、戦略立案、ネーミング、デザイン、広告製作、PRなどの分野の独立系フリーの専門家を集めてユニットを組みます。

　私の会社のような独立系デザイン会社は、ブランディングコンサルタント会社から仕事を依頼されることはめったになく、後者のようなユニットに組み込まれ、デザイン部分の仕事を担当します。

　個人で始めたばかりの会社や、規模もまだ小さい会社では、重

要なことを社長とネーマー（デザイナー）が、ひざを突き合わせて決めていくことも多いので、独立系フリーへの依頼で十分でしょう。

プロデューサーを見極める

　大手の広告会社や印刷会社、経営コンサルタント会社を選択する場合、その会社の実績や料金もあるかもしれませんが、その会社の誰が「ブランドプロデューサー」として担当するかが最も重要な選択のポイントになります。

　プロデューサーは、企業のトップに会って話を聞いたり、一癖も二癖もある独立系フリーの専門家集団を束ねて調査をさせたり、戦略をまとめたり、創らせたりの指導をする総監督ですから、よほどの人物でなければ務まりません。また、作業をスムーズに進めていくペースメーカーでもあり、予算を自社と各専門家に適正配分する元締めも兼ねます。

　したがってプロデューサーは、ブランディングの流れはもちろんのこと、各専門分野について相当の知識があり、すでにいくつかのブランディングの成功実績をもっていることが必要です。さらに、人間関係術にたけていて、各専門家をコントロールする貫録も求められます。

　どの会社に仕事を依頼するかを決める際には、トップ自らが各社のプロデューサーに直接会って、上記の条件と照らしたうえで自分との相性で決定するとよいでしょう。

外部コンサルタントとのつきあい方

　知識とノウハウの社内留保を心がけるあまり、「他人に任せ切りにするな」と言って、外部コンサルタントを対等なパートナーと考えず、社内チームの補佐程度にしか考えていないトップがい

ます。

　たしかに、専門家は「こういった場合はこうする」と問題を一般化して、解決方法をパターン化する傾向があるので、100パーセント信用してはいけない面もあります。社内情報は社内のほうがあるわけですし、外部の専門家から出てきた案も鵜呑みにしないで、自社の事情に合ったものに最適化する必要があります。

　しかし、外部コンサルタントは数多くのブランディングを経験し、本には書かれていない生きた専門知識をもっています。こうした知識を十分に活用しないのはもったいない話です。えてして専門家は「黙って任せてくれれば効率が上がるのに……」という顔をしがちですが、社内にブランディングのノウハウを残すことも重要な役割と考えて、わからないこと、納得できないことはしつこく食い下がり、話し合うことです。

　創造的解決は対立と調和から生まれます。お互いの情報と知恵をぶつけ合ってよりよい"ブランドの素"と、それを効率よく浸透させる計画を作り上げる必要があります。そのためには社内社外の垣根を取って、「同じ目的に向かう仲間だ」という空気を醸成することが必要です。「これをどうやってトップとAチーム（意思決定チーム）に説得したらいいだろう？」とBチーム（ブランディング推進社内チーム）とCチーム（外部コンサルタント）がいっしょに頭を抱えて悩んでいるシーンになれば、社内外の連携がうまくいっている証拠です。

デザイナーの選び方

　多くの場合、「シンボルのデザインに関しては特別だ」と考えられているようで、外部ブランドプロデューサーの方からクライアント企業に対して、「どのデザイナーにやらせましょうか」とデザイナーを何人か紹介します。その中からトップが自分の判断で

選ぶ場合もありますが、「どのデザイナーがお勧めですか？」とプロデューサーに打診することもあります。

　実績のあるブランドプロデューサーが推薦するデザイナーの条件は、彼のめがねにかなったレベルであることは当然のこととして、意外と重要なポイントは、これまでクライアントとトラブルを起こしたことがないということです。デザイナーは根っこに職人気質をもっているので、クライアントと感情的トラブルに発展することが結構多いのです。

　ブランディングの仕事は、いろいろなレベルの人の批判や説得のプロセスに耐えなければならず、ポスターを作るのとは違って一筋縄ではいかないため、プロジェクトの途中でかんしゃくを起こすデザイナーも出てくるのです。

　・けんかをしない（粘り強い）
　・時間を守る（自己管理）

はブランドプロデューサーが保証してくれますので、その他

　・専門用語を使わない（専門バカじゃない）
　・愛想がよい（柔軟性がある）
　・人の話をよく聞く（独善的ではない）

といったことが、デザイナーを選ぶ大切なチェックポイントとなります。どんな著名なデザイナーでも、ブランディングのデザインに関しては、この条件が一つでも欠けていると、まず推薦されることはありません。

　こうした条件をクリアしたうえで、プロデューサーは、クライアント企業とセンスの相性がいいとか、自分とコミュニケーションがとりやすいとか、たまたまそのデザイナーが時間的に仕事を引き受ける余裕があるといった理由で「このデザイナーにやらせたいが……」と返答します。私の場合も、こうやって推薦を受けて仕事が決まるケースが多いのです。

企業とデザイナーとの運命的な出会い

　数年前のことですが、名古屋の大手海運会社がブランディングのデザイナーを独自に探していて、社長の特命を受けたブランディング担当責任者がいきなり私のところに訪ねてこられました。

　私の話を聞きながら、拙著『CIデザイニング』をパラパラとめくっていた担当責任者の手が、私の経歴が書かれたページでピタリと止まりました。経歴の一番上に「1965～67年　土方、運転手、沖仲仕」と半分洒落で書いていたのです。

　「本当に沖仲仕をやられたんですか？」と聞かれたので、「博多港の長浜で育ったので最初沖仲仕をやってその後港湾運転手に昇格しました」と答えた途端、「あなたに決めました！」と、大きな声で言われました。

　私がポカンとしていると、その担当者はこう続けました。

　「実はここへ来る前に17人のデザイナーに会ってきましたが、我社のことはあなたにしかわからない。我社は沖仲仕が発展した会社なのです！」

　思いもよらない偶然で、よほどうれしかったのだと思います。ブランディングの要であるシンボルを任せるデザイナーとの出会いは、このようなケースもあるのです。

自己確認のための調査　　　3

企業アイデンティティとブランドイメージ

　ブランド企業には明確なアイデンティティが確立されています。アイデンティティがしっかりしていなければ、その場、その時々で目立つ広報を行っても、一貫性が保たれないので、ブランドイメージとして定着はしません。

　アイデンティティが確立された企業とは、「自社自身をよく知り、社外や社会との兼ね合いの中で自社の存在意義を見つけ、そのことを目標に掲げて全体が行動する企業」です。企業は社会の荒波に翻弄され、そのポジションが変化するものですが、しっかりとした自己確認、自己規定ができていれば、一本"背骨"が通っていることで、主体性と一貫性が保たれ、「その会社らしさ」といった個性が際立つのです。

　そして、さまざまな広報伝達活動によって一貫性のある情報を発信することで、その企業のブランドイメージは、人々の意識に沈殿して定着します。

自己確認調査で浮き彫りにされる問題

　未来に向けてのブランド作りには、現在と過去についての自己確認調査が必要です。調査では、自社を取り巻くさまざまな問題点が見えてきます。企業は生き物ですから問題がないことなどはありえません。

　例えば、「権限委譲がなされていない」「他社に比べて社内の雰囲気が暗い」「社員の80％が企業理念を言えない」「ライバル企業よりも実力が上なのに下と見られている」「他の業種と間違えられやすい社名だ」など、実体面と情報面から、さまざまな問題が具体的に出てきます。

　こうした問題を全て解決しなければ、ブランディングに取り組めないのか、というとそうではありません。よほどの緊急課題で

なければ、これまでの急激な成長のために積み残してきた課題として、あるいはこれからの解決目標と位置付けて、こだわりすぎる必要はありません。「人間の長所は、欠点があることである」というユダヤの格言があるように、光る部分がたくさんあれば、欠点も個性を際立たせる役割をもつこともあります。

アイデンティティは社会との関わりの中で確立するものですから、「自社がどのような環境の中でビジネスを行っているのか？」「その環境は今後どのように変化していきそうか？」といった確認調査は、自社のアイデンティを考える重要な情報になります。また、それだけでなく、ライバル他社とのイメージポジション争いの戦略策定、企業変革のための創造的提案の説得材料として役立てます。

ブランディングを推進するには、トップの強いリーダシップを必要とします。しかし、歴史の長い大企業では、トップが決定に際して遠慮しなければならない重役が何人もいたりします。ブランドイメージをより明瞭にするためには、長い歴史の中で生い茂った枝葉を剪定して、スッキリとさせることも重要です、「せっかく伸びた枝は切らないでくれ」と、重役の誰かが文句を言うこともあります。調査結果はそういう時の説得材料にも使います。

未来価値の創造につながる資源を探す

創業して間もない企業や、生き残りをかけての企業合併のケースでは、こうした調査を必要としないこともあります。創業間もない企業は、やる気と使命感に燃え、自社が見渡せる規模ですので、やれることも、やるべきことも、やりたいことも単純で今のところまだ一本化されています。その点、50年以上も続いた会社は、自己認識と自己確認のための調査も大掛かりになります。

調査の深さと広がりは、自社が気分的余裕のある安定成長期

にあるのか、それとも急を要する激動期にあるのかで大きく違ってきます。激動期にある企業ほど、ブランディングの成果目標のスパンは短く、安定成長期にある企業ほど長いのがふつうです。例えばブリヂストンのように「100年後」という目標もありました。

調査はブランディングの基礎工事のようなものです。ビルの建築工事で、その高さによって地下を掘る深さが違うように、3年後という短期目標と100年後という長期目標では、深さが変わってきます。

この調査は、過去から引きずってきた問題をほじくり返すことが目的ではありません。新しい苗を植えるために、土にクワを入れて養分のある土壌を作るためのものです。また、植えた苗が倒れないように足下を固めるためのものでもあります。

ブランディングは企業の未来への価値創造です。足場がしっかりしていなければ遠くに跳べないし、跳んで行く先も狂ってしまいます。何もないところから未来価値をでっち上げることはできないのです。

調査は、現在の企業価値、つまり資源探しと再認識からスタートします。長い企業の歴史の中には、語り継がれてきた"神話"にならないまでも、たくさんの情報の宝が埋没しているかもしれません。それを掘り起こして光に当て、よく見てみる必要があります。また、企業にはさまざまなクセがあり、調査すれば悪いクセも見つかるでしょうが、よいクセもあるはずですから、それを見つけ、企業哲学や行動原則がどう影響したかを確認します。

自己確認調査の方法と対象

調査の方法はマーケティングや心理学の調査手法と似ていて、感じ方や考え方を書いてもらって統計をとる「定量調査」と、直

企業におけるブランディングとは？
グレイナーの企業成長モデルを元に筆者アレンジ

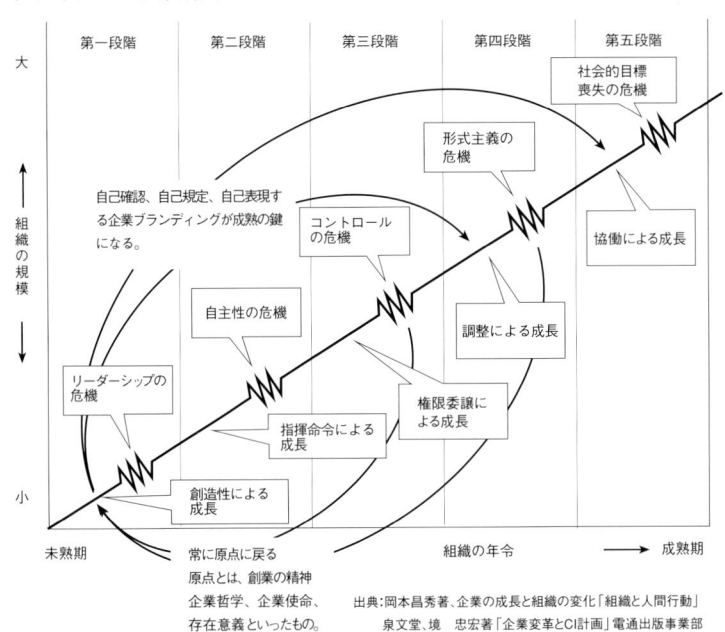

縦軸：組織の規模（大→小）
横軸：組織の年令（未熟期→成熟期）

第一段階／第二段階／第三段階／第四段階／第五段階

- リーダーシップの危機
- 創造性による成長
- 自主性の危機
- 指揮命令による成長
- コントロールの危機
- 権限委譲による成長
- 形式主義の危機
- 調整による成長
- 社会的目標喪失の危機
- 協働による成長

自己確認、自己規定、自己表現する企業ブランディングが成熟の鍵になる。

常に原点に戻る
原点とは、創業の精神
企業哲学、企業使命、
存在意義といったもの。

出典：岡本昌秀著、企業の成長と組織の変化「組織と人間行動」
泉文堂、境 忠宏著「企業変革とCI計画」電通出版事業部

グレイナーは「危機」と表現していますが、次の成長のための壁、準備、そこまで来たというチャンスともとれます。企業の成長の節目で、新たな自己を規定し、自己変革をとげながら、成長、成熟してゆきますが、これら全てが備わってからブランド企業になるのではなりません。規模が小さく、少々足りない部分があっても、現時点で企業が持っているプラス資源を最大限に組み合わせ、活き活きとした自己表現がうまい企業が、ブランド企業と一般認識されます。

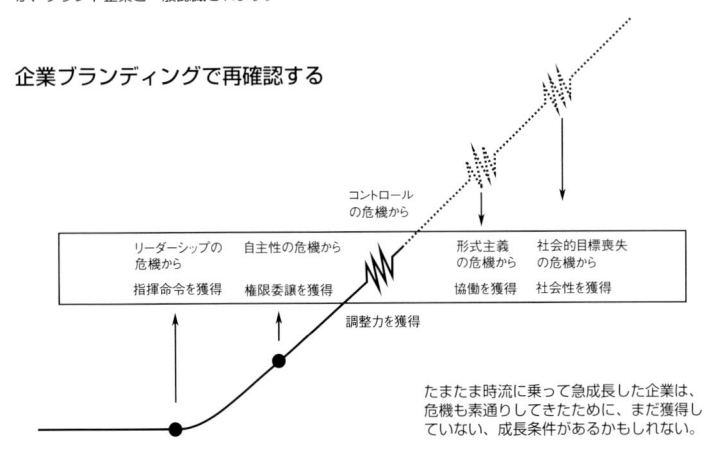

企業ブランディングで再確認する

- リーダーシップの危機から　指揮命令を獲得
- 自主性の危機から　権限委譲を獲得
- コントロールの危機から　調整力を獲得
- 形式主義の危機から　協働を獲得
- 社会的目標喪失の危機から　社会性を獲得

たまたま時流に乗って急成長した企業は、危機も素通りしてきたために、まだ獲得していない、成長条件があるかもしれない。

自己確認のための調査

接話を聞いて肌で感じる「定性調査」の2つの方法がとられます。

　定量調査は効率よく幅広い客観データを集められるメリットがあります。一方、定性調査は、話の内容を判断する人の主観が入るので定量調査に比べて客観性は少ないですが、微妙なニュアンスで語られる真実をキャッチすることができます。定性調査の分析は、裏に隠れた真実を聞き逃さない調査会社の中でも熟練した人が当たります。コンピューターがはじき出す定量調査の数字には客観性があり、理屈を重んじる人に説得力をもちます。大企業は、自社の企業イメージに関して定量調査データが常々手に入るので見慣れていますが、インタビューで直接聞く定性調査はトップも興味を示し、ツボにはまればインパクトと説得力をもちます。

　先日ある会社の定性調査では、渋谷駅で通行人を片っ端からつかまえて、
　「この社名の字は読めますか？」
　「○○という社名を知っていますか？」
　「○○という社名から何の会社を想像しますか？」
といった質問をしました。結果は、「読めない」「知らない」という人が多く、また"珍解読"も出てきました。

　それまでこの会社は、社名変更の決心がつかなかったのですが、その様子をビデオにとってブランド会議でAチーム（意思決定チーム）に見せたところ、「やっぱり、この社名ではだめか……」といった空気になり、社名変更が決定しました。

　定量調査、定性調査のどちらも一長一短があるので、正確さと効果を考えて両方を組み合わせて実施します。
　「我社は外からどう映っているのか？　この際だから念のために……」と、軽い気持ちで調査を始めても、「80％がライバル会

社のほうが技術力が高いと見ている」といった結果が出てくると、にわかに取り組みが真剣になってきます。

　この調査では、社内の人間と社外の人間の両方に話を聞きます。社内の「自己認識イメージ」に社外の「他者認識イメージ」の光を当てると影ができ、自社の立体像がより鮮明に浮かび上がってくるからです。

　話を聞く対象は、社内は、トップとトップグループ、エリート集団、一般社員です。社外は一般生活者、取引先、オピニオンリーダーです。

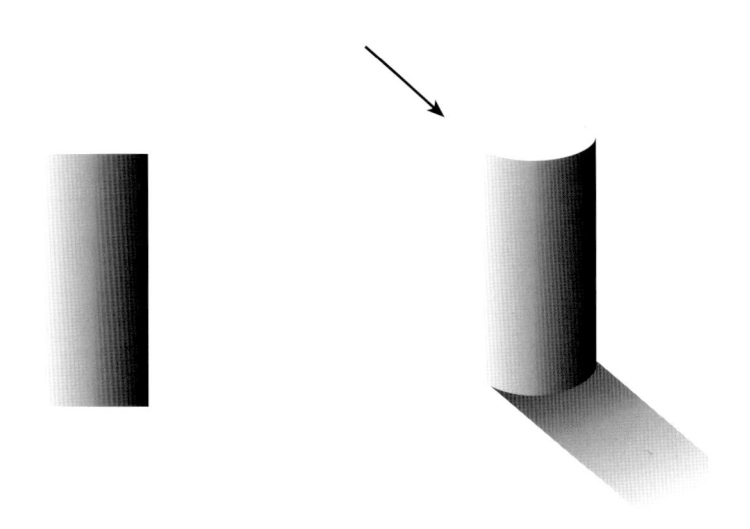

なぜ他者認識を知ることが必要か？
他人から見て自分がどう見えるか？という、外から光を
当てることで、自社像がよりわかりやすくなる。

社員へのインタビュー

　ブランディングは未来戦略ですから、若い社員が彼らのフレッシュな頭で、これから社会との関わりの中で、どうしたいと思っているか知る必要があります。

　ただし大企業の場合、全社員一人ひとりに、インタビューはできないので、エリート集団はグループインタビューと個別インタビュー、一般社員は選抜のグループインタビューとアンケート調査といった方式をとるのが一般的です。

　インタビューの内容は、日常的な自社の活動の問題点や、自社のイメージに対すること、夢といったことについて語ってもらいますが、時として一般社員の中から管理に対する不満の方が多く出てくることもあります。

　社員へのインタビューは、ブランディングに対する期待と参加意識を盛り上げるといった、根回し的意味合いもあります。グループインタビューではしらけようが、盛り上がろうが「皆で言えばこわくない」という面があるので社員の本音を聞き出すことができます。

　なお、一般社員へのアンケート調査では、「 我社はどんな会社だと思いますか？」「お客さんが我社のことをどう見ていると思いますか？」「ライバル会社と比較して我社はどうですか？」「我社はどんなイメージですか？　色に例えると？」といった質問が行われます。

トップインタビュー

　社長に直接会って、「あなたはこの会社をどの方向へもっていこうとしているのですか？」と、ズバリ聞くのがトップインタビューです。

　トップは企業の船長です。社員何万人の大企業でも、トップが

		自分が	
		知っている	知らない
他人が	知っている	**A** 「開放」の窓 Open Window 自分が知っていて、 他人も知っている領域	**B** 「盲点」の窓 Blind Window 自分は知らないが、 他人は知っている領域
	知らない	**C** 「隠蔽」の窓 Hidden Window 自分が知っていて、 他人は知らない領域	**D** 「未知」の窓 Dark Window 自分は知らないが、 他人も知らない領域

「ジョハリの窓」

心理学者ジョゼフ・ラフトとハリー・インガムが考案したから「ジョハリの窓」です。人の心の中には4つの部分があるという考え方でこれはそのまま企業にも当てはまります。企業が普段「自分」と思っている自己像と、他人から見える「企業」はどのくらい一致しているものなのか？自己認識するには、B「盲点」の窓も開いてみる必要があるでしょう。Dの「未知」の窓の部分には、ブランドビジョン会議で「こうなりたい」という部分に大きなヒントがあると思います。

示す方向に企業は進みます。風向きや潮の流れといった外部要因で、多少進む方向は変わるかもしれませんが、いったん舳先がある方向に向けられたら、船はそちらの方向へ進むしかないのです。20万トンの大型タンカーでも、小さな伝馬船でも、船長の手もとでは舵は同じ大きさ、使う力もそれほど変わらないのです。トップインタビューでは、「順不同に思いついたところから自由にお話いただいてもいいから、こういったことを聞きたい」ということで、事前に質問表を手渡します。大企業の場合は、後のビジョン策定のプロセスにトップ自身が参加することが少ないので、トップインタビューが重要な情報収集の場になり、そこでのトップの話がブランディングを押さえるツボになります。

　半分くらいの社長は、インタビュアーが質問しなくても積極的に熱っぽく自分の考えを語ってくれますが、そうでない社長のタイプの場合は、上手に話を引き出すために、インタビュアーの手腕も重要なポイントになってきます。インタビュアーは、基本的にはブランドプロデューサーや戦略策定の専門家、また、調査マンの中から場数を踏んだ手慣れた人がやります。

　トップインタビューは、一発勝負といった感があるので、トップの考えを直接肌で感じとるために、コンセプトをまとめる文章家（コンセプター）、ブランドネーム（社名）を考えるネーマー、デザイナーなどが同席します。

デザイナーがトップに直接会う意味

　私はこれまで約200人の企業トップへのインタビューに同席させてもらいました。デザイナーが大企業のトップインタビューに同席することは、はた目には儀式的な、表敬訪問のような雰囲気ですが、実は大変重要な意味があります。

　同席するデザイナーにも、「周りの会社のどのシンボルが気に

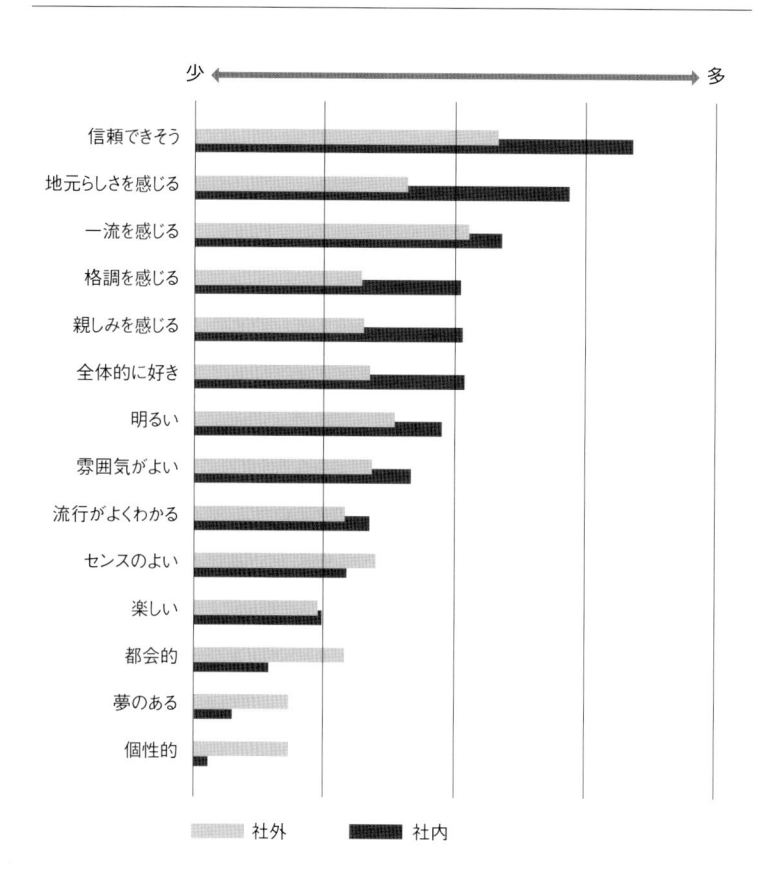

アンケート結果をグラフ化して分析

	少 ←――――――→ 多
信頼できそう	
地元らしさを感じる	
一流を感じる	
格調を感じる	
親しみを感じる	
全体的に好き	
明るい	
雰囲気がよい	
流行がよくわかる	
センスのよい	
楽しい	
都会的	
夢のある	
個性的	

社外　　社内

自己確認のための調査

なりますか？」「現在の御社のデザインをどう思われますか？」「現状の御社のシンボルの色はお好きですか？」「他に何色が考えられますか？」といった、質問をする機会が与えられます。

　質問自体はそれほど核心に触れるものではありませんが、なによりも大きいのは社長から直接お話を承ったという事実ができる

35

ことです。「この人がこれからうちのシンボルをデザインするのか」と、顔を覚えられ、次回、企業アイデンティティの根幹に触れるシンボルマークのプレゼンテーションの場で社長と再会しても、「あの時、お話うかがいましたね」と、親近感と説得力に大きな違いが出ます。このプロセスなしで、「あなたの会社にふさわしいシンボルの形は、色は……」というプレゼンテーションをするには、とてもやりにくいものです。

　もう一つ、トップインタビューの場で社長とデザインに関する雑談ができることがお互いにとって貴重な経験になります。私がこれまでやったデザイン事例や、競合他社のデザイン事例を持っていって、それを見ながら雑談すると、社長の感覚なりが把握できます。

　社長はそれを機に、デザインプレゼンテーションまでの期間、生活の場や街中でデザインに対し、特別な関心をもって過ごすことになるので、デザインについてスピード学習してもらえます。

　実際、大変な競争を勝ち抜いてトップの座まで昇り詰めた社長は、短期間でビックリするようなデザイン批評を身につけられます。そうしたことを何度も経験してきた私は、「営業力」「人間力」「強運」と同時に、「感性力」というのも、大企業トップの最終条件としてあるのではないかと、つくづく感じます。

取引先へのインタビュー

　取引先の自社担当者にインタビューをします。取引関係が深ければ取引先企業の社長に会うこともあります。先方が自社の下請けの立場だと悪口は言いませんが、「うちはそうでもないけど、業界ではこう思われている」という言い方で、本音を見せることもあります。なかには、「この際だから……」と、要望を訴えてくる下請けもいます。

取引先へのインタビューは、自社を重要な関係会社だと位置付けして、話を聞きに来てくれた、ということで信頼関係づくりの機会にもなります。
　その他多くの子会社やディーラーには、アンケートで補います。アメリカのL＆M社（リッピンコット・アンド・マーギュリーズ社）が行っていたディーラー相手の調査報告を見たことがありますが、インタビューしたディーラーの一人ひとりを写真を撮ってきて、その顔写真の下にその人が話した内容を文字で入れたスライドを使ってプレゼンテーションをしていました。とても具体的で説得力がありました。ただし日本の場合は、後難を恐れて写真はもちろんのことテープすら録らせてくれないケースがほとんどなので、「誰が何を言った」といった証拠付きの報告は難しいでしょう。

顧客や学生へのインタビュー
　顧客を集めてのグループインタビューもよく行われます。あるパンのメーカーでは、女子学生と主婦の10人ずつのグループでインタビューが行われ、「どこのパンはおいしい」「お店がきれい」「店員が親切」など、ブランディングの調査というよりも、消費者テストのようでしたが、その企業をどのくらいの正確さと強さで認知しているのかといった印象や好感度をつかむことができました。
　学生は顧客の中でも特に気まぐれな反面、将来の就職の対象のひとつとしてもその企業を見ているので、一般の顧客とは違った視点が得られます。
　栃木県の「〇〇川砂利工業」という会社のブランディングで、同社の近くの短大で、学生インタビューに立ち会いました。
　学生からは「砂をまき散らして農道を走るダンプや飯場のイメ

ージが強い」と語られ、就職担当の先生からは、「給料も待遇もいい会社だから一番先に学生に勧めるんですが、社名を聞いた途端尻込みするんですよ」と言われました。

　もちろん、この会社は社名変更し、企業イメージを一新させました。

オピニオンリーダーへのインタビュー

　その企業が関係する業界誌の編集長や、その他指導的立場にある人とか、いわゆる事情通に話を聞くのも、企業の評判やイメージをつかむのに大変有効です。彼らは批評精神に富んでいるので、耳に痛いことまでズケズケものを言ってくれます。

　自動車関係の大きな企業のケースでは、プロレーサーや著名な工業デザイナーまでインタビューは及びました。こういった事情通の情報は、競合会社との対比で聞くと、一番公平で正確な情報かもしれません。

予備調査と調査予見

　本調査の前には、調査設計のための「予備調査」が必要です。「仮説である○○を知るためにはどのくらいの調査規模が必要で、誰にどれだけ聞けばいいのか？」「調査期間と費用は？」「どの調査会社に依頼するか？」といったことを調べてまとめる作業です。

　出たとこ勝負で、やみくもに調査しても無駄が多いし、有効な調査はできません。解決提案の予見にのっとって「提案に対して不安や抵抗が出るから、調べて裏付けをとっておこう」というための調査が設計されます。

　調査のための仮説と予見とは、ゴールと目的地までの道筋と成果を、予め予測してそれを記すことです。

成果主義、実証主義の人は、「予見と結果は違うのだからムダじゃないか」「出来るか出来ないかわからないのに先回りして考えてもむなしい」という気持ちになるものですが、「仮説と予見」は企画や開発やデザインといった創造性を売る職業では欠かせないステップとして重視されています。実際、事前に立てた予見と最後に事実、到達した結果と大きくずれ、予見どおりになることはめったにありません。

　しかし、予見を立てると立てないのとでは、能率と結果の創造性に大きな差が出ます。予見とは遠くの海に向かっていくつかのブイを浮かべるようなものです。最近では、「シミュレーション」や「ゴールセッティング」という言葉が一般的に使われるようになり、予見の必要性が理解されてきたようですが、まだ多くの人が予見を立てることを無意味だとして重視していません。

ブランドビジョン　　　4

ビジョンなしで企業理念は作れない

　自己確認のための調査で、企業を取り巻くさまざまな問題点が出てきました。これらの問題を一つ一つ解決すればいいのでしょうが、それが企業体質化していれば困難を伴います。マイナス要因からブランドを作り上げていくのは難しいので、調査結果は自社を知るための資料として、あるいは新ブランドの提案の説得材料とすることにして、ビジョン策定のプロセスに移ります。

　調査をはじめとする自己確認のプロセスを基礎工事だとすると、ビジョンは完成予想図のようなものです。ビジョンから出た理念でなければ、いくらそれが正しくても、人を動かすパワーをもちません。どのリーダーシップの本にも、「リーダーの条件は、部下に目標（ビジョン）を示せること」と書いてありますが、よいブランドの条件も同じことがいえます。

ビジョンとブランド

　本来のビジョンは、預言者が神から見せられる未来像で、予知能力をもった天才にしか見られないと言われています。一世紀に一人出るか出ないかというそうした預言者でなくても、皆の知恵とイマジネーション能力を持ち寄れば、100パーセント正確でないにしろ、ビジョンを見ることができます。

　ビジョンには、「将来、こうなりたい」という希望も含まれます。筋道が立てられる目標よりも少しだけ先取りしていますが、かといってお酒の場で語る「男のロマン」よりかははるかに実存的です。明確なビジョンは、実施計画と、具体的な行動に直結します。

　ブランドを導くビジョンは、調査で自社の能力や社会の期待などを知ったうえで、「でも自分はこうなりたい」と考える、たいへん主体的かつ主観的なものです。最初は「夢」ですが、突きつめ

ると固まって信念に近付き、地に足のついた計画が続きます。ブランドは過去培ったものと現在得ているものプラス未来の夢や構想です。人々がブランドに共感し、これに憧れるのはその夢に共感しているからです。ブランド企業のビジョンに自分の夢を託せると感じるからほかなりません。

ビジョンを起点としたブランディングが企業を引っぱり上げる

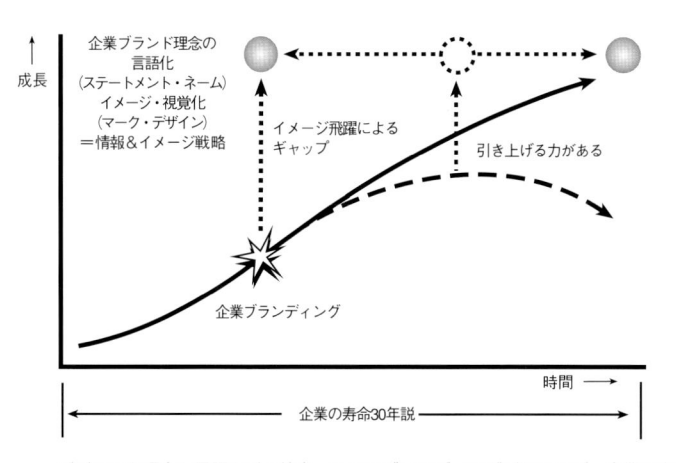

```
↑
成長

  企業ブランド理念の
  言語化
  (ステートメント・ネーム)
  イメージ・視覚化
  (マーク・デザイン)
  =情報&イメージ戦略

        イメージ飛躍による
        ギャップ
                    引き上げる力がある

      企業ブランディング
                              時間 →
  ←――― 企業の寿命30年説 ―――→
```

ビジョンと理念と言語と形と教育、つまりブランディングがなければ、企業は自然の法則に沿って衰退するだけです。当然、現状とビジョンイメージにはギャップがあります。

演繹的アプローチのビジョン策定

　究極の理想像から現実に戻って考えを推し進める方法を、規範的・演繹的アプローチと呼びます。反対に、ほとんどの日本企業が行ってきた、「我々の問題点は何か」という現状の問題点から考えていく方法を帰納的・分析的アプローチといいます。
　ブランディングは前者のアプローチをとり、ビジョン策定のプ

ロセスから入ります。こうしたアプローチは我々にとっては不慣れですが、大きなメリットがあります。これまでの帰納的・分析的アプローチでは、現状の問題点が明確になり、それはつまり「悪」ですから、犯人探しが始まったり、犠牲者を仲間から出したくないという気持ちから、そこを避けて通るので根本問題が掘り起こされなくなります。

　根本問題は多くの場合、経営中枢にまで食い込んでいるので、「誰が猫に鈴をつけるのか」といった話になってきます。一方、ビジョンは「善」であり、その「善を邪魔しているもの」として問題が捉えられ、議論にも明るさが出て創造性が促進されます。問題＝プロブレムの語源はもともと「前に横たわるもの」という意味ですが、「罰すべきもの」としての問題ではなくなるのです。

ビジョン作りの難しさ

　「我社はこれからどうなるのだろう？」と不安になりがちなこの不透明な時代、「将来、我社はこうなっていたい」と前向きに考えることは、相当なエネルギーとイマジネーションを必要とします。日常業務のついでに考えるのは難しく、場所を変えて特別に時間をとって考えるしかありません。

　なぜビジョン作りにエネルギーとイマジネーションがいるかというと、未来が必ずしも過去と現在の延長上にないからです。

　「あなたはこれしかできないのだから、あそこに行け」と他人に決められたら窮屈ですが、「未来はあなたのものだから、好き勝手に考えてよい」と言われても戸惑うものです。そこで、頭や心を総動員してイマジネーションを働かせます。

　ビジョンを考える場合、調査で出た過去と現在のデータは、現在の位置確認のために見る程度でいったん横に置いておきます。そして、霞に覆われた未来を、目を凝らして眺めます。だんだん

焦点が合って見えてくるまでには根気がいるので、場所を変えて考えたり、外部からの手慣れたファシリテーター（推進役）に手伝ってもらったりすることも必要です。
　社長が一人山に籠って、来し方行く末についていろいろ思い巡らせればビジョンは作れそうですが、実際には堂々めぐりしてなかなか難しいのです。これまでのさまざまな考えが頭に浮かんでは消え、未来に関する考えも、一つ考えると直後にその裏の対立する考えが前の考えを打ち消してしまって、ふわふわ宙に浮いたまま、なかなかビジョンとして像が結ばれません。

社員参加型のビジョン会議

　どんな規模であっても、トップと若手幹部社員を交えたビジョン会議を持つことが理想です。ビジョンをまとめていく基本的な手法は、ブレーンストーミングとKJ法のようなカード法です。
　ビジョン策定会議は、自由なイマジネーションを働かせ、まだ見もしない混とんとした未来を描く作業ですから、今までの仕事とはだいぶ違い、雲をつかむような話で相当戸惑うはずです。
　「自分一人がそう思っても、どうなるものでもない」「将来、自分がこの会社にいるかどうかもわからないのに……」「社長が勝手にやるだろうから……」と不安と空しさが頭をもたげてきます。
　「こうありたい」「こうなっていたい」というビジョンを考えるには、その人自身の信念や希望する力、人生哲学が要求されます。反対に企業ビジョンについて考える機会を得たことで、自分のキャリアプランと人生について考えるきっかけになるかもしれません。
　自分の未来を見つめながら、一方では立場をちょっと越えてトップと同じ位置から会社の未来を眺めてみる経験は貴重で、その意味で、このビジョン会議は社内に経営者と同じ視点をもった若

LENSによる、プラクシスのビジョン会議

5年後のプラクシスのビジョン

国際企業をめざして	一流企業としてのデザイン会社をめざして				トータルなデザインコンサルティングをめざして	
海外への進出	組織の充実	プラクシスの文化の確立	社員の待遇の向上		専門分野の拡大	ハイテク化
海外進出 ・海外進出(NY、ロンドン) ・世界で有名になっている。支社を作る。 ・ニューヨーク支社又は地方支社 ・世界都市にオフィス設立 ・世界各地に支店がある	組織化された部課システム ・全員社長(株発行)づくり ・秘書、営業の方が増えて整理、雇われている ・企画、営業、業務部の設立 ・デザイン、企画、総務がわかれて広範囲しだい ・受付係 ・経理、総務の充実	プラクシス知名度UPのための本やビデオや雑誌 ・数は今より2倍くらいでている ・Praxisビデオをつくる ・CI情報誌パンフを季刊発行する	見識を広げるための研修 ・デザイン研究のための研修旅行 ・海外研修の実施		総合的なCIプロデュース ・コンセプトからのCI ・総合的にCIプロデュースできる ・100%コンサルタント会社 ・ネーミングも提案する ・CIビジュアル相談所設立	コンピュータによる企画分析 ・コンピュータを活用して新しい開発・研究もしている ・コンピュータによる分析企画部門充実
国際情報の吸収 ・国際情報の吸収 ・アイデア、ラフ、組織、世界に設立。同時進行型	快適な施設の充実 ・指示されている人が増えて入社者がたくない。 ・広いオフィス ・会社運用の充実 ・お客さんの気持のわかい場所としての会社 ・プレゼンテーションルームをつくる	プラクシス展 ・プラクシス展示会 ・プラクシス展を開いている ・文化的イベントに参加している	快適でクリエイティブな環境 ・自然環境に囲まれたオフィス ・都会に緑の木立のある場所に会社をする	余暇充実のための福利厚生 ・社員のレジャー、スポーツクラブ ・社の別荘(軽井沢、ハワイ)		コンピュータを使ってのデザイン表現 ・デザイナ1人1台のコンピュータ ・プレゼンテーション器材・力の向上(CG) ・CIシステムをコンピュータで行う
社員のグローバル化 ・国内・海外に支部をつくり、有能な外国人も一緒に働く ・いろんな民族の社員がいる	積極的な能力開発による人材のレベルアップ ・人材を集める ・3人のプレゼンテーター ・プラクシス教室 ・デザイン・マニュアルの作成	マスメディアの利用 ・雑誌に載る機会が増える ・原田さんが沢山インタビューを受けている ・テレビや雑誌で知られている ・番組枠外に出ている	好条件による人・モノ・金の好循環 ・給料がよい→人員が増す→質を上げる	創造性を高めるための施設 ・屋外やムードの違う部屋を用意してアイデアが時間を変化に富んだものにする ・テニスコートがある		FAXによるデザイン情報の入出 ・CIに関する最新情報があちこちからFAXで送られてくる
世界へのアピール ・現在の本、CIデザイニングの世界標(米)展の出版			時間・場所にしばられない創造活動 ・在宅勤務 ・週休3日 ・日常を送る楽しくなる仕事の仕方 ・休暇による自己啓発 ・長い休暇が良い仕事を生む		CI専門教育(学校) ・CIビジュアル専門学校設立	・○○○をこえる ・○○○をこえる ・国策(日本)のデザインを受注する
プラクシスが世界のメジャーになる ・世界的に有名 ・プラクシスのデザイナーは一流と言われるようになる ・メジャーになってみんなに自信がつく	様々な分野の組織づくり ・企画力の強化 ・様々な分野のスペシャリストがいる ・外部部員メンバー組織部設立	オリジナルプラクシスブランド ・オリジナルロゴ1品品の開発 ・Praxisブランド				

↓

5年後のプラクシスのビジョン

国際企業をめざして	一流企業としてのデザイン会社をめざして			トータルなデザインコンサルティングをめざして	
海外への進出	組織の充実	プラクシスの文化の確立	社員の待遇の向上	専門分野の拡大	ハイテク化
海外進出	組織化された部課システム	知名度アップのための本・ビデオ・雑誌	見識を広げる研修	総合的なCIプロデュース	コンピュータによる企画・分析
国際情報の吸収	快適な施設(オフィス)の充実	プラクシス展	快適でクリエイティブな環境		コンピュータを使ってのデザイン表現
社員のグローバル化			余暇充実のための福利厚生	他分野を含めたトータルデザイン	
世界へのアピール	積極的な能力開発による人材のレベルUP	イメージUPのためのマスメディアの利用	好条件による人・モノ・金の好循環		FAXによるデザイン情報の入出
			創造力を高めるための施設		
世界のメジャーになる	様々な分野の組織づくり	オリジナルPraxisブランド	時間・場所にしばられない創造活動	CI専門教育(学校)	○○○をこえる
			休暇による自己啓発		

守秘義務があるので、他社のビジョン会議の結果を書くわけにはいかないので、恥を忍んで我社のビジョンをさらし者にします。1989年12月の二日間全社員13名と泊まりがけで、外部からは、ブランドコンサルタントの田中昌一郎氏、ファシリテーターとして、LENSインターナショナルのウェイン・エルズワース氏、佐藤静代氏、橋場文昭氏にお願いして参加してもらいました。初日の半日をビジョン会議に当てましたが、社長として自信のない私は、皆の不満が爆発して突き上げをくらうのではないかと、内心ヒヤヒヤしていましたが、満足のいく結果でした。バブル崩壊で予定は狂いましたが、15年間で何割かのビジョンは実現しました。

3ヶ月前にも社長と幹部社員、合計15名の大企業のビジョン会議に出席しましたが、夕方から夜遅くまで話し合われ、我社の価値の中心は？　我社を人格に例えると？　我社の使命は？といった8つのキーワードでまとめられました。ビジョン会議に限っていえば、大きな会社も小さな会社も基本的には同じです。

トップを交えた、企業ブランディング会議

LENS方式より

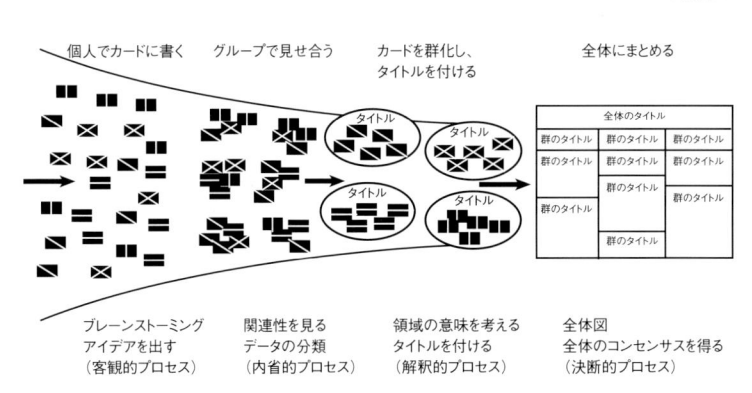

個人でカードに書く　グループで見せ合う　カードを群化し、タイトルを付ける　全体にまとめる

ブレーンストーミング
アイデアを出す
（客観的プロセス）

関連性を見る
データの分類
（内省的プロセス）

領域の意味を考える
タイトルを付ける
（解釈的プロセス）

全体図
全体のコンセンサスを得る
（決断的プロセス）

い人材を育成するよい機会でもあります。

　合併や緊急時のブランディングの場合、皆でビジョンをまとめ上げる時間的余裕がないので、社長一人と少数の幹部でビジョンを考えなければなりません。特に、企業が生き残りをかけてのブランディングでは、強烈なビジョンをもった人がトップに据えられる場合が多いので、ビジョンを全面に押しだして社員を引っ張っていくことになります。

姿のイメージから入るビジョン作り

　ビジョン作りは姿のイメージから入る方法があります。10年後の自社の姿について考えてみます。「どこに、どんな規模で、どんな状態で存在しているか？」「本社はどこで、どの国に支社を出し、社員が何人で、どんな業種業容の広がりを見せているのか？」といった姿を思い浮かべます。

　さらにイマジネーションを総動員して、より具体的にイメージします。本社ビルは何階建てで、どの駅から何分で、外壁の色は何色で、会議室はどうなっていて、という様に色が何色か、肌触りや匂いということまで考えます。さらに、「10年後の自分はどこに座って何をしているか？」「自分は何を考え、会社とどのような関わり方をしているだろうか？」と、自分をそこに置いてみます。その結果、自分の個人ビジョンと合わないことに気が付いて、会議のメンバーがその会社を辞めることになっても、それはそれで当人にとっても、会社にとっても長い目で見ればよいことです。

ビジョンが会社と人を動かす

　ビジョン会議の最大のメリットは、ビジョンが出来上がった時点で参加者全員がビジョンを共有していることです。ここで会社

のビジョンと自分個人のビジョンとの接点がもてた人は、将来会社の大きな支えになります。自分自身の幸せと会社の幸せが一致するので、会社に対する姿勢も違ってきます。

　ビジョンは行動を変えます。例えば部屋が散らかっていても平気な人がいます。この人には、もともと「きれいな部屋で生活したい」というビジョンがないから、いくら言われても片付けないのです。「きれいな部屋」というビジョンがない人にとっては、散らかっているということは問題ではないのです。逆に「きれいな部屋」がビジョンの人にとって、散らかっていることはプロブレム＝眼の前に横たわる問題以外の何ものでもありません。人に言われる前に自発的に片付けるでしょう。

　このようにビジョンが違えば問題としてとらえるものも変わってきます。同じ会社にいて同じ問題を抱えながら、全員それを問題だと思わないのは、実は皆のビジョンがバラバラということなのです。よく社員に「問題意識を持て」と言いますが、ビジョンを明確にさせることで、それが可能になるのです。

ビジョン会議はブランディングの要

　以上述べてきた理由で、ビジョン会議こそがブランディングの大きなポイントになります。参加者全員のビジョンが完全に一致することはありえませんが、ビジョンについてトップと話し合うことでベクトルの方向が確かめられます。

　実はビジョン会議でまとめられたビジョンの言葉の集まりは、そこで話し合った間のみ通用する粗削りなものです。そして、この後、参加していない人にも伝わるようにブランド理念として、言葉巧みに表現されます。

　表現効率上、ブランド理念は単純化されるので、分解すれば他社と同じ言葉になる可能性が高くなります。しかしその言葉に対

する理解と思い入れは、ビジョン会議の経験から全く違ったものになるのです。例えば、広い解釈ができる「ホスピタリティ」という言葉ひとつにしても、前後裏表が話し合われて共有されるので、「我社の特別な意味のあるホスピタリティ」として独自性をもち、観念的ではなく行動に結びつく言葉として存在するようになります。

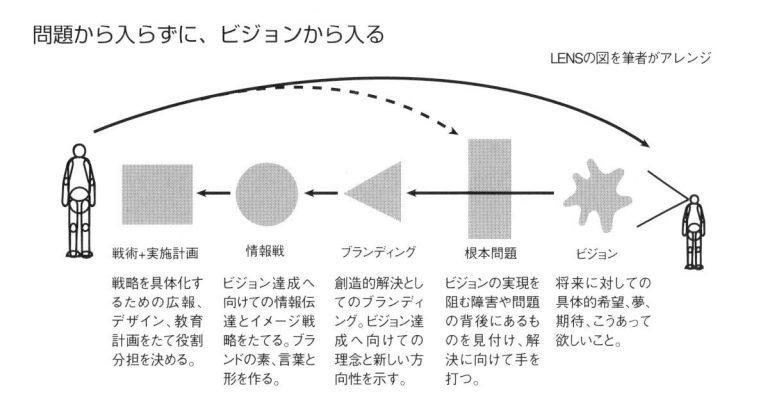

問題から入らずに、ビジョンから入る

LENSの図を筆者がアレンジ

戦術+実施計画	情報戦	ブランディング	根本問題	ビジョン
戦略を具体化するための広報、デザイン、教育計画をたて役割分担を決める。	ビジョン達成へ向けての情報伝達とイメージ戦略をたてる。ブランドの素、言葉と形を作る。	創造的解決としてのブランディング。ビジョン達成へ向けての理念と新しい方向性を示す。	ビジョンの実現を阻む障害や問題の背後にあるものを見付け、解決に向けて手を打つ。	将来に対しての具体的希望、夢、期待、こうあって欲しいこと。

ブランド理念の確立   5

変化に対応した理念の見直し

　ブランド理念は、企業哲学、企業理念に近く、どういうふうに会社を動かしていくかという経営理念とはちょっと違います。また、ブランド理念は、「心得」「教訓」「要綱」「規範」といった上から与えられるもののイメージではなく、「信条」「誓い」「戒め」「鉄則」「約束」といったイメージに近いでしょう。

　ブランド理念は、社員にもってもらいたい考え方、会社の共通の見方、考え方のモデルです。社会の中で企業としてやるべきことの原理原則は世界共通ですが、そのなかでも「我社は特にこの考えにはこだわっていたい」というものが根底にあるはずです。そのこだわりの部分が、その企業の文化、個性、アイデンティティであり、それが社会の中で受け入れられれば光を放ちます。

　しかしそのこだわりが、独善的になって社会から置いていかれないように、定期的に見直すことが求められます。社会の変化の中で会社も変化し、事業領域が変化し、組織が変化し、社員の心も変化します。

　そこで、「創業時の理念がどの程度有効か？」「新しい会社の役割に対して、新しい主張を加えなくてよいのか？」といったことを整理するのが新理念の確立（理念の見直し）です。

　たとえば、会社の業容が急拡大したにもかかわらず、あまりに頑固な職人的な理念だったり、急成長して海外拠点を持ったにもかかわらず、日本人にだけ通じる内容だったりした場合、その整合性を図る必要が出てきます。

理念は言葉のシンボル

　自社の自己像と未来ビジョンを見つめ、企業哲学をベースに自己規定したことは、社の内外に向かって表現（宣言と約束）しなければなりません。その表現の"三種の神器"が"ブランドの素"

と呼んでいる「理念」と「名称」と「シンボル」です。

　理念は、企業をやっていく動機や、存在意義や、理由といったものを言葉で表したものです。哲学、信条なきところに君子が存在しないように、理念なきところに企業ブランドは存在しません。理念は「中身がよければ見かけは二の次だ」と主張するブランディング反対派も認める企業の中身です。

　企業は、金銭面（バランスシート）と文化面（精神、技術、人材、社風）で成り立っていますが、それを木に例えると、理念は根っこのようなものです。

　エジプトの有名な石工の話があります。2人の石工が働いているところへやって来た人が「お前は何やってるのか？」と聞いたところ、一人は「私は石を削っています」と答え、もう一人の石工は、「私は立派な神殿を作っている」と答えたという話です。おそらく、「立派な神殿を作っている」と答えた石工は、主体的にイキイキと働き、石の削り方、運び方ひとつ違ったことでしょう。

ブランド理念の力

　ブランド理念は企業哲学と比べたら柔軟です。企業哲学は、原理原則にのっとった、生きるうえでの信条ですから、その考えが時代の流れに合う合わないということは、あまり関係ありません。哲学は「そうまでしなければ生き残れないのなら、信念を曲げてまで会社を存続させる気はない」というくらいの強いものです。

　その哲学を、その時代に合わせて調整し表現したものがブランド理念です。しかし、あまりに合わせすぎると、言葉というものは取りようによってはどうとも取れるので、相当量の"哲学純度"を保たなければ、常に社会競争の中で利益と合理性を求められている社員の行動に影響をもつに至りません。哲学の動機や理由が、若い社員やパートにまで浸透していなければ高いレベルで思

想持続はできないのです。例えば、「顧客第一主義」という言葉も、理念の伝達に物語性がなければ、目の前の客の一見わがままともとれるニーズと、自分の業務効率の板挟みにあって、結局易きに流れます。

　アメリカの〇〇デパートの店員が「顧客が欲しがる製品がなかったので、競争相手の隣のデパートまで連れていって見つけてあげた」とか、〇〇航空会社の一社員が「10ドルのチケットを客に渡すために深夜タクシーを飛ばして届けた」といった、"親切神話"がありますが、これは、経営的にみれば"行き過ぎた親切"なわけで、こんな行動を全社員がしていたら会社はやっていけません。こうした行動を容認する理念としての言葉の後押しと、企業文化が空気として感じられればこそできることです。さらに、そのことを聞いた他の社員が感心して、社内に善行として広がり、そこに目を付けたブランドマネージャーが、ひとつの"親切神話"として社外に流し、ブランドを語るストーリーとしていくのです。　もし、〇〇デパートと〇〇航空にブランド理念がなければ、先のような行動をした社員は、上司から「余計なことをして」と叱られたでしょう。

ブランド理念の表現を変える

　一代で企業を飛躍させた創業者は皆、立派な理念をもっていて、なおかつ自然にその理念を実行していました。創業当初は、創業者の行動を社員は間近に見ることができたので、理念を肌で感じ創業者の行動を真似することができました。これ以上の理念の浸透方法はありません。

　しかし企業規模が大きくなり拠点が増えると、こうした直接的な理念の浸透は難しくなり、言葉による伝達の比重が大きくなります。また、創業者が亡くなって後継者が事業を引き継ぎ、さら

に何代も経営者が変わっていくと、創業の理念は薄れていき、変化します。創業者の理念表現は、いわば畑から採ってきたばかりの泥付きの野菜です。しかし、企業が拡大して時間が経つと、表現は洗練され知的になり、きれいに形も色もそろいますが、味と栄養価と鮮度は落ちます。

　たとえば、社歴50年の会社の創業者は、創業当時、「和」「奉仕」「成長」の理念を身をもって示しました。それぞれ奥が深く立派な理念で、創業当時の社員は「和」に所属の喜びを感じ、「奉仕」「成長」という言葉で燃えたのです。しかし、50年後の今の若い社員にそれが伝わるかといえば疑問です。

　理念が空文化して社員が実感できないようであれば、一度お日さまの下に引っ張り出して、新しい空気や光を当てて表現を変えるといった、感覚修正を施すことが必要です。つまり、理念を現代翻訳して再発行するのが、ブランド理念です。

ブランド理念の表現スタイル

　企業理念は長文で、「私はこういう経験を通じて、こういう考え方をしてうまくいった」といった、物語性を含んでいます。社内で流通する言葉としての理念は、表現の美しさよりもむしろ、言った人、考えた人の体温が伝わってくるようなリアリティがあったほうがより伝わるでしょう。形が揃った最近の野菜のような美文である必要はないと思います。

　例えば、「あらゆる分野で、お客様満足度向上を経営の中核に据え、最高の安心とサービスを提供してゆく」といった組織としての原理・原則の抑えは必要としても、「愉快な工場を作るために私は○○君と話し合ってこの会社を立ち上げた……」といったような、創業者の本音を表現したほうがリアルであり、社員の共感を呼びます。

ただし、そういった、創業者の個人的動機より発した話し言葉の匂いを残した理念でも、ブランディングでは現在の企業の有効な行動原則になるように、コピーライターのような文章伝達の専門家に表現を磨いてもらうことになります。

ブランド理念と行動規範
　理念がしっかり社員の心に入っていれば行動規範はいらないでしょう。しかし、特に若い社員やパートの心に届いて、それが行動に結びついていくには、いくつもの壁があります。昔は多くの会社が朝礼で理念を唱和させましたが、最近はそうした光景をあまり見かけなくなりました。社員に唱和させることが、理念浸透に有効だと経営者はわかっているのですが、時代の空気に合わなくなったため行われなくなってきました。最近は、社員が朝パソコンを立ち上げたときに、1行の企業理念が出てくる仕組みにしている会社もありますが、唱和に比べればナマぬるいでしょう。

　言葉は「言霊」とも言われ、人を生かす力も殺す力もあります。人の心情に訴える言葉は人を燃えさせます。多くの若者が、そうした言葉に感動して革命に身を投じました。そこで「こういう考えで、こうしよう」という理念と行動規範を同時に発信します。理念には使命感が含まれているので、その部分を取り出してわかりやすく具体的にすれば、行動規範になります。

　ブランディングにおける行動規範は、社員規定とは一線を画して、箇条書きではなく、できるだけ本に近い、社内の思想書、バイブルという形のほうがよいでしょう。流通業はどこも行動規範の伝達に力を入れていて、ベイシアなどは一般社員用、課長用、幹部用と別冊に分けて行動規範集を作っています。

にしてつグループ 企業理念 ブック

ブランドステートメント

　「ブランドスローガン」や「ブランドミッション」は、社員向けに「こうやろう」というイメージですが、「ブランドステートメント」は世間に向けて、理念を1行で表した言葉のシンボルと考えてよいでしょう。理念やビジョンを、形に結晶化させたものがブランドシンボルで、言葉に結晶化させたものがブランド理念です。

　ブランドステートメントは、社外向けに発信されるので多少の売り込み的要素も含まれています。いろいろな側面をもっている理念やビジョンの中から一部を切り取ってキーワードにするのですから、優秀なコピーライター（文章家）の仕事になります。

　何もかも伝えることは不可能と思われているたった1行ですが、五七五の俳句で世界の広がりが表現できるように、プロは、企業の理念、戦略と、人々のニーズや気分とがうまくフィットする接点を発見して1行にします。

　企業のイメージ、姿、文化が感じられるようなユニークな言葉遣いも必要になります。ベネッセコーポレーションの「今日も、

驚くほど生きる」は、日本でもトップクラスのコピーライター仲畑貴志氏の作で、何百万円ものお金が支払われたと聞きます。パイオニアは、新しいブランドデザインを発表して2〜3年後に、日本とアメリカとヨーロッパの広告会社に依頼して、選ばれた1行「sound.vision.soul」、世界中の営業所で使える国際ブランドステートメントです。

　ブランドステートメントは、外部の人の共感を得るために人々の言葉に対する感覚に合わせて作られています。ある程度の鮮度を問われるので、平均5年の使用期間で考えられますが、最近増えてきたパイオニアのようなシンボリックなキーワード併記型はもっと長く使えるような気がします。

**パイオニアはブランドシンボルとステートメントを
セットにして使っている**

Pioneer sound.vision.soul

ブランドネーミング 6

社名開発の新しい展開

　昔は、社名はあくまで商号という考え方で、思いつきで安易に考えられ、商標の問題も考慮に入れられていませんでした。
　例えば、株式会社サンヨーという名称で会社発足の申請を出す場合、その法務局の管轄内に同社名がなければ受け付けてもらえます。北海道にも東京にも同社名のサンヨーという会社があって、しかも同業種でも問題はなかったのです。
　しかしブランディングが関心をもたれ、知的所有権に対する意識も変化した今、各社とも社名開発には力を入れるようになり、専門家の「ブランドネーマー」に仕事を依頼することも多くなりました。その背景に、丸、四角、三角の図形シンボルよりも「KIKKOMAN」「AJINOMOTO」といった英文シンボルが増え、商標法の問題と伝達の効率上、社名＝ブランドネームという考え方が定着してきたからです。

サービスマーク登録制度の影響

　1992年にサービスマーク商標登録制度が発足し、社名に対する考え方や事情が変わってきました。
　それまで、レストランや学校、ソフト開発会社などは、商品を扱っているわけではないということで商標に関心がなくても特に問題はありませんでした。しかし、サービスマーク登録制度が発足して以来、社名をロゴにして名刺に使ったら、「それは商標だから使ってはいけない」と、商標を持っている会社（サービスマークを登録をしている会社）に言われるようになったのです。
　例えば同じ社名であっても、図形商標はそれぞれがもつことができますので、北海道にあるサンヨーが三角シンボル、東京にあるサンヨーが丸シンボルだったら問題がありません。しかし、「SANYO」というブランドシンボルは商標をもっている会社しか

使えません。商標権をめぐるトラブルは絶えず、訴えられてやむなく社名とデザイン変更を迫られている企業の仕事も何社かやらせてもらいました。

また、シンボルが違って商標権がぶつからなくても、両社とも有名になって業務が全国展開するようになると、社名の混同が起きてお互い困ることが出てきます。あるいは一方の会社が先に有名になってイメージポジションを取ってしまって、もう一方の会社が偽ブランドと思われてしまうということもでてきます。

昔は、早く信用を得たいということで大企業と似た社名を使ったりしましたが、最近の個性化＝ブランド時代には"うさんくささ"が先にたち、逆効果になってきました。

社名をブランドネームに統一

ブランディングで、ブランドネームをもつことは当り前ですが、ブランドネームに合わせて社名変更しようとすると社内から抵抗が起きます。しかし、理念や戦略とつながるブランドネームが社名と一致することのメリットは、図りしれないものがあります。企業ブランディング＝社名変更といっても言いすぎではないでしょう。

まず、社員は社名を毎日見て、口に出します。電話を取る人は日に何回社名を言うでしょうか。私の会社の社員ですら、平均すると日に3度は社名を口に出しています。もし社名に理念や戦略が組み込まれていたら、間をおいた反復による刷り込み効果で理念が浸透するでしょう。

また、ブランドネームはブランドの性格、ブランドの目的を一言で表した言葉にするので、外部の人へのＰＲ効果もあります。そのため、ブランドネームが社名と一致することがブランディングの前提目標ということになります。

今から20年以上前までに付けられた多くの社名が、ＰＲとかコミュニケーションといった観点からは考えられていません。創業時はブランディングに対する知識も考える余裕もないので、創業者の思いつきで決められます。
　業界を代表するある会社の場合、創業する仲間3人が渋谷のマンションの一室に集まって「社名をどうしようか？」という話になった時に、ふっと窓の外を見たら、サンヨー電気のネオンが目に入ってきて、「今は俺たち3人だが、いつかはあのような大きな会社にしよう」ということで、「サンヨー○○株式会社」と決めた、と社長が話してくれました。
　別の会社は、砂利を○○川から採取しており、会社の命の源であるということで、「○○川砂利工業」と社名をつけました。また、名古屋の大きな製薬会社は創業者の名前をそのまま使った「△△長太郎商店」で、同じ名古屋のアパレル商事会社は、創業者が××通りで商売を始めたので「××屋商事」といったぐあいです。
　どの社名も勘違いされやすく、その会社の実体を知れば、損をしている名称だということは一目瞭然です。どう考えても現代感覚に合わない、現状の規模や業種業容とかけ離れていて、社員採用で時に損をする社名なのです。

社名変更に対する社員の反発
　しかし、このように明らかに問題があると思われる社名でも、いざ社名を変更しようとすると社員は反発します。不思議なことに、どの会社も社内アンケートをすると、60％前後の反対が出ます。特に長く勤めている古参社員にとっては、自分の人生と重なって強い愛着があり、伝達媒体としての社名以上の意味をもっています。社名を変えたほうがよいと、理屈はわかっていても感情

社名変更の例　東急リバブル株式会社

旧社名	東急不動産地域サービス株式会社
問題点	長いため「読みにくく」「発音しにくく」「覚えにくい」。 事業領域を制約する。 事業内容は不明確。
よい点	グループ企業としての「信頼感」がある。 地域密着の事業イメージがある。

社名改訂の方向性
- 信頼性の維持
- 事業理念を表現
- 事業領域の制約を排除

新社名	東急リバブル株式会社
語源	Livable、英語で「暮らしやすい」
意味	暮らしやすい生活。 より暮らしやすい生活の提供事業であることを表現。
評価	事業理念と効果を的確に表現し、身近で分かりやすく、親しみがある。「リバブル」はブランド名にも活用できる。

がついていかないのです。

　最終的にはトップの決断に委ねることになり、「この社名でいかに損をしているか」という客観データを示して、反対している人たちを説得して回ります。

　学校の場合は、卒業生たちからさらに強い抵抗があります。学校名は青春の代名詞になっているからです。この原稿を書いている今も、東京にある学校の理事長と校長が理事会と卒業生を説得中です。

学校名変更の例を一つ紹介します。名古屋の中心に創立者の名前をとった「山田学園短期大学」という学校がありました。最新の設備が整った、地元では有名な学校でした。この学校が「名古屋女子文化大学」と校名を変更したとたんに、翌年の受験者が3倍にもなったそうです。おかげで、事務上の混乱が起き、その手違いが新聞にも載ったほどでした。

　ちなみに、先に例として挙げた会社も、現在すべてカタカナ社名になっており、「名は体を表す」企業に変身してます。

社名変更したら知名度は下がる

　社名を変えるということは、これまで世の中に存在しなかった名称を使うということですから、当初は「いったい何の会社だ？」と違和感をもたれます。知名度が下がれば、ブランド価値は下がり、資産価値がゼロになる瞬間があります。また、もとの知名度に引き上げようとすれば、莫大な広報の費用がかかるでしょう。

　したがって、有名企業ほど社名変更は難しくなります。せいぜい、「ブリヂストンタイヤ」の「タイヤ」を取ったり、「花王石鹸」の「石鹸」を取ったりする程度でしょう。あるいは、これまで使ってきた通称や、有名になるまで育ててきた商品またはサービスブランドを社名に昇格させる方法もあります。株式会社ファーストリテイリングが、ある日突然、株式会社ユニクロになっても、誰も違和感をもたないでしょう。

　社名変更のリスクは避けたい、しかし新しい名称はもちたいということで、「ＪＲ」や「ＮＴＴ」「DoCoMo」のようなコミュニケーションネームを立てるという方法もあります。しかしこれは大量広告が可能な大組織だからできることでしょう。

　あるいはトリオがしばらくの間トリオケンウッドを使って、浸透したころにケンウッドに変えてしまったり、福武書店がフィロ

ソフィーブランド（企業ステートメント）として、「Benesse」を目立つところに使って、なじんだところにベネッセコーポレーションに変えるという段階を踏む方法もあります。

　社名変更するかしないかは、ビジョンの視点の遠近と、現在の企業の体力と、トップの意志と自信と確信の強さによるでしょう。この、2〜3年が勝負だという企業は社名変更はしないほうがよいでしょう。明確な長期ビジョンがあって、そのビジョンと現状とが合わなければ、先行投資のつもりで社名変更は行われます。

　以前、「東洋現像所」が「イマジカ」と社名を変えて、知名度が下がり、「宣伝費に換算していくら損をした」といった、批判的な記事が出たことがありますが、「ビジュアルイメージプレゼンテーション」というビジョンにふさわしい名称にあえてしたわけです。「東洋現像所」の社名のままでいたら、有名ではあっても、「コダックの現像所」というイメージのまま存在する期間が長引いたでしょう。社名を長期ビジョンに合わせたことが結果としてよかったといえます。

ブランドネーム（社名）開発の専門家

　ブランドネーム（社名）開発は、思いつきと言葉のセンスがあれば誰にでも出来そうですが、そう簡単な作業ではありません。たくさんの複雑な条件があり、それをクリアするために、事前商標調査や事前聞き取り調査をしなければならないからです。

　核となる言葉出しや語源探しはコピーライターといった文章家にも出来ますが、それらを組み合わせて加工して、意味や語呂の問題がなく、しかも商標が取れる短い言葉探しとなると至難の業で、創造性と経験と調査などのネットワークをもっていない素人には無理な作業です。

私がこれまでいっしょに仕事をしたネーミングの専門家（ブランドネーマー）は5人です。もちろん世間は広いので他にもいらっしゃると思いますが、企業ブランドのネーミングはほとんどこの方々たちに集中しているようです。
　ブランドネーマーの悩みは、一般の人たちの無理解です。先に述べたように、誰にも簡単に出来ると思われていることと、苦労して考えて決まりかけたネーミングをクライアントの社長がいとも簡単に変形してしまうことです。こだわって磨きに磨きをかけて、搾り出した一滴を、社長が「こうしてくれ」とエンピツで変えてしまうのです。土壇場で占いの先生に引っくり返されたこともありました。結果的にブランドネーマーは画数など、易学にも詳しくなります。
　ネーミングのプレゼンテーションの場では、クライアントへのプレゼン効果を考えて多少は大きく美しい文字にしますが、日常的な活字には違いないので、特別な感じがしないのです。ほとんどのクライアントの反応は、私たちから見ていいネーミングほど「うーん、ピンとこない」と言います。
　しばらくいじり回しているうちに、「やっぱり新しい名称にするのはやめよう」とか、「延期しよう」ということがよく起きます。したがって、ブランドネーマーはこのストレスに堪えられる忍耐力が必要ですし、詰めの部分での説得力が問われます。
　上場目前の名古屋のアパレル企業の社長が、新社名の決定直前に「やっぱりやめようかな」と言い出したので、ブランドネーマーと2人で東京から新幹線で説得に行ったことがあります。全役員と我々外部チームの前で、社長が「『上場する直前に社名を変えるのは損だ』と、日本でも有名な証券アナリスト2人に言われた」というのです。
　ブランドネーマーは30分黙って社長の話を聞いていましたが、

役員の一人が、「じゃあ、これまで話し合ってきたことは何だったのか」と言ったのをきっかけに、候補ネーミングの説明を始めました。以前に一度説明したことの繰り返しでしたが、昔"霊感少女"と言われた彼女の説明が終わると同時に、社長が「わかった」と言われました。帰りに夕食をご馳走してくださった際に「見事に先生に説得された」とさっぱりした顔でした。

よいブランドネーム(社名)の条件
　よい社名の条件とは、次のようなものです。
・企業理念と連動している
・意味が人に伝わる
・業種業容に合っている
・発音しやすく覚えやすい
・電話で聞き取りやすい
・読みやすい
・短く字面がよい
・飽きが来ない
・ユニークである
・商標が取れる

　最近、日本企業でも、先進性と国際感覚性を強調する目的で社名に横文字を使うことが多くなりました。こうした社名の場合は、
・外国人が聞いておかしくないか
・辞書に載っていなくても、裏で変な意味がないか
・意図したものとは別の連想をしないか

といった点について、進出する可能性のある国を含め主要国の人に事前に見せてチェックします。こうした作業を「ネイティブ、ネガティブチェック」といいます。

商標条件のクリア

　よいブランドネームの条件の中で、最後の商標の条件をクリアするために、プロのネーマーの存在価値があります。まして最近の企業は国際化しているので、アメリカに進出している企業だったら、アメリカの商標も調べなければなりませんし、同様に各国別々に調べ出願しなければならず、プロのネーマーのネットワークの力を借りなければ、到底できる仕事ではありません。

　最近できた国際電話会社は、最初から世界中の商標を抑えなければならず、商標関連費用（事前調査費と商標出願費用）だけで、1億円を超えたと聞きました。私が15年前に関係した大阪のアパレルメーカーの新（社名）ブランドのアジアとヨーロッパでの調査費だけで1500万円かかっていました。

　昔は、商標に対する関心が低いうえに、自社が国際企業になると思っていなかったので、日本の多くの企業が国際的ネーミングをしていませんでした。そのため、例えば松下電器の「National」というブランドは、海外では使えず「Panasonic」を使っています。また、昔「TRIO」というブランドがヨーロッパで使えなかったため「KENWOOD」を使っていましたが、それが現在の企業ブランドになっています。

ブランドネーム開発プロセス

　名称を考えて決めるまでのプロセスは、後で述べるデザイン開発と双子のように似ています。20年ほど前、日本のブランドネーマーの草分け的存在である松島廣美さんから、ネーミングの開発工程表を見せてもらったことがありますが、項目を見て、作業の進め方と作業の名称が、デザインとほとんど同じだったので、びっくりしました。

　1.コンセプト

2.調査、分析、予見
3.イメージと表現戦略策定
4.キーワードの収集
5.ネーミング
6.絞り込み
7.事前商標チェック
8.プレゼンテーション
9．商標出願

　1〜3の「コンセプト」「調査、分析、予見」「イメージと表現戦略策定」はデザイナーも一緒に作業をし、ネーミングコンセプトとデザインコンセプトと連動しています。「イメージと表現戦略策定」では、ネーミングは言葉上の表現戦略で、デザインは形と色の表現戦略となります。
　ネーミングの「表現戦略策定」は、
・競合他社と比べてどういう感覚でいくか？
・何文字くらいで考えるか？
・理念をどのように盛り込むか？
・スローガンを別に考えるか？
・どの国の言語をベースに考えるか？
などを検討します。
　4の「キーワードの収集」は、ビジョン、コンセプト、業種業容から、連想ゲームのように次々に言葉を模索していきます。そしてその中で重要と思われる言葉をそれぞれ世界の言語で調べます。一般的な言語は、ラテン語、ギリシャ語で、英語、フランス語、イタリア語、ドイツ語、スペイン語、ポルトガル語、ロシア語なども調べます。
　例えば、「オンワード」は英語の「進め」ですが、「進め」はフランス語は「アバン」、イタリア語は「アバンティ」、スペイン語

とポルトガル語は「アバンテ」、ドイツ語は「フォルベルツ」となります。

自然語によるネーミング
　「オンワード」や「アバンテ」のように、どこかの国でそのまま使われている言葉は「自然語」と呼ばれています。少なくともその国の人にはストレートに意味が伝わり、○○語では、こういう意味だと直訳のままで説明できるメリットがあります。
　自然語はわかりやすくとっつきやすいので、ネーミングの候補として最初に気に入られます。そこで、先に自然語の商標を調べます。しかし、この程度の主要国の一般用語になると、すでに商標を抑えられていると思って間違いないでしょう。「オンワード」の場合は、よくそれまで誰も取っていなかったなあという感じで、"落ちていたラッキー"といってよいでしょう。よほど前に商標を取ったのかもしれません。
　たとえ同じ商品分類になくて商標が取れても、他の商品分類で類似のものが出てくるというデメリットが自然語にはあります。さらに、社名に個性やオリジナリティを求めるようになったことや、意味をもたせ発信力を高めようという理由から、最近の新しいネーミングは「造語」が多く見られるようになっています。

造語によるネーミング
　造語は、ある言葉と別の言葉を組み合わせて、よりユニークで強力な言葉にしたものです。ほとんどは言葉の"足し算"で、引き算によるネーミングというのは聞いたことがありません。
　言葉の足し算にも、「単純足し算」と「分解足し算」とがあります。単純足し算というのは、「アバンテオート」（いけいけ自動車）というように、「アバンテ」と「オート」という２つの自然語

を足したもので、その場合、「アバンテ」と「オート」の間を離したり、2行にしたりすることはできません。また、意味ある自然語同士を2つ足すと長くなるし、意味もあいまいになるので、自然語＋自然語よりも、自然語＋業種業容を表す言葉、の組み合わせが多くなります。

一方、「分解足し算」は、自然語を最小限にバラして、それに「接頭語」「接尾語」「語根」を組み合わせて創ります。

例えば、「リ」は「再び、繰り返す」という意味の接頭語ですが、「ハウス」の前に付けると「リハウス」で、「住み替える」という意味となります。また、「トランス」は「〜を越えて」という接頭語ですが、「ワールド」をつけた「トランスワールド」は、「世界をまたにかける」という意味になります。

接尾語は言葉の最後につけて意味が変わるもので、「ON」や「ONE」を最後につけたら「大きい」という意味に、「OSA」や「OSO」や「OUS」をつけたら「〜に富んだ」という意味になるといった言葉の約束事を利用したものです。

言葉の最後に「A」をつけると、「最高の」とか「最善の」という意味になり、「X」をつけると、「未来」とか「未知の優れた」という意味になるということで、最後に「A」や「X」をつけたネーミングが一時よく社名に使われました。

語根は、例えば「アクト（好意、現実）」「アルト（高い）」「フォート（強い）」などで、これもあちこちで使われています。

AGRネーミング

このように言葉をばらして造語し、ネーミングすることを「AGR（アングロ・グレコ・ローマン）ネーミング」といい、これが、国際ネーミングの標準的な手法です。下敷きの言葉として一番多く使用されるのはラテン語とギリシャ語です。この2つの言語は世

界中の多くの国の言語に影響を与えた、いわば"言語の故郷"であり、"世界の言葉のツボ"なので、多くの国の人が正確に発音できないまでも、見てなんとなくわかるということが、国際ブランドネーミングに使われる理由です。

　先に紹介した松島廣美氏は、ブランドネーマーであり、言語学者でもありますが、言葉が別の国に渡った際にどのように変化するかという公式を知っているので、100か国以上の本が読めるそうです。

プラクシス 社名ネーミングのコンセプトとpraxisの関連語

私の会社の社名Praxcisは日本のネーマーの草分けである松島廣美氏に作っていただいたものです。名称の語源はPraxisはラテン語で「実用、実際、実地、実践、行為」という意味があります。それに業務内容であるCIS（コーポレートアイデンティティシステム）を加えてPraxcisです。「理論倒れにならない、実際的なCISを提供する会社」という企業理念を表し、以下の表のように、世界の主要20カ国以上の人が、説明無しで理念が伝わるという、10名前後の会社には過ぎたるブランドネーミングの社名です。

英語	practical	プラクティカル	実際的な、実践上の
	practice	プラクティス	実際、実地、慣行
	praxis	プラクシス	実習、習慣、問題集
古代ギリシャ語	practikos	プラクティコス	実際的な
	praxis	プラクシス	実践、実行、実習
			※ギリシャ語からラテン語へ移入された。
フランス語	praticable	プラクティカプル	実践可能の
	pratique	プラティク	実際の、実際的な、実際、実践、実行
ドイツ語	praktik	プラクティク	実行、手段
	praktisch	プラクティッシュ	実際的な、実地の
イタリア語	pratica	プラティカ	実際、実行、実地
	pratico	プラティコ	実際的な、実用的な
スペイン語	práctica	プラクティカ	実行、実践
	práctico	プラクティコ	実際的な、実用的な
ポルトガル語	pratica	プラティカ	実行、実践
	pratico	プラティコ	実際的な、実用的な
ロシア語	praktik	プラクティク	実際家
	praktika	プラクティカ	実際、実践、実務
	praktitsizm	プラクティツィズム	実践主義、実践、能力

praxCIS®

ブランドネーミング

ネーミング開発プロセス

1 情報収集・イメージ等調査・分析・戦略策定　***2*** アイディエーション

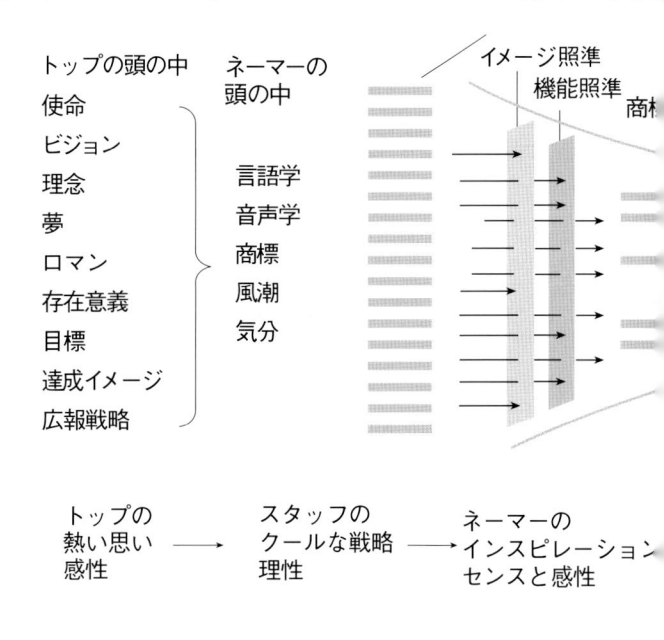

トップの頭の中	ネーマーの頭の中
使命	
ビジョン	
理念	言語学
夢	音声学
ロマン	商標
存在意義	風潮
目標	気分
達成イメージ	
広報戦略	

イメージ照準
機能照準
商標

トップの熱い思い　感性　→　スタッフのクールな戦略　理性　→　ネーマーのインスピレーション　センスと感性

ブランドネーミング

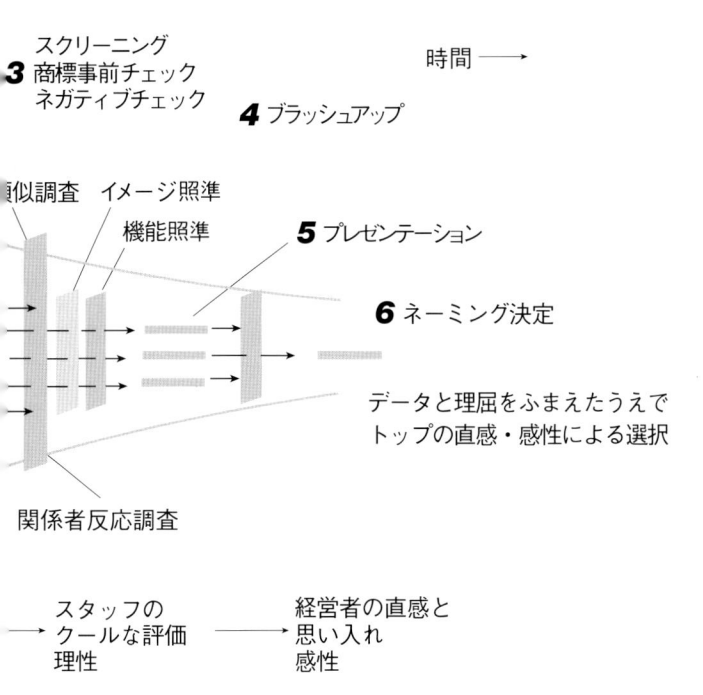

3 スクリーニング
商標事前チェック
ネガティブチェック

時間 →

4 ブラッシュアップ

類似調査　イメージ照準
　　　　　機能照準

5 プレゼンテーション

6 ネーミング決定

データと理屈をふまえたうえで
トップの直感・感性による選択

関係者反応調査

→ スタッフの
　クールな評価
　理性

→ 経営者の直感と
　思い入れ
　感性

ブランドデザイナー 7

ブランディングにおけるデザイナーの役割

　ブランドシンボルをはじめとするデザイン展開物は、ブランドデザイナーがデザインします。デザイナーは視覚言語（＝視覚リテラシー）を複合化されたイメージとしてたくさんもっており、その組み合わせで、正確に意図的に伝達操作をします。

　ほとんどのブランドデザイナーがいきなりブランドデザイナーになったのではなく、グラフィックデザイナーやパッケージデザイナーの長い経験を経ています。私もさまざまな分野のデザインを経験し、例えばパッケージデザインを納品するたびに、クライアントがそれをどう評価したか、世の中に出回ってターゲットはどう反応したか、商品が売れたか売れなかったかといった、自分の商売に直結した結果によって、データと視覚言語が磨かれてきました。

　デザイナーは視覚伝達情報の送り手として、視覚言語の法則と、経験による受け手の傾向や関心のありかを知っており、人々の先入観や価値の判断を強化する力を備えています。デザイナーがブランディングに参加する意義は、この視覚言語をしゃべるという点にあります。

　視覚言語というのは、例えば丸は優しさを伝え、三角は安定を伝え、右上がりの斜めの線は成長を伝えるといったことですが、これらを組み合わせることで例えば「パートナーシップを大切にして、共に成長するグローバルな金融業」といった難しい表現も可能となるのです。

　もちろん文章に比べれば伝達内容の確実性には欠けます。しかしデザイナーには強力な武器があります。それは、人々が美しいと感動する芸術性です。形と色を組み合わせて情報セットを組み上げ、それが見る人に感動を与えることが出来れば、言葉以上のものを伝えることは可能です。

ブランドデザイナーの特徴

「デザイナー」と一口にいっても、ファッションデザイナーもいれば建築デザイナーもいて、さまざまな専門に分かれています。

これまで知りあったデザイナーを見渡すと、いつの間にかその人の適性にあった専門分野に落ち着いています。例えば感覚的、直観的な人は、ポスターや広告などの「グラフィックデザイナー」、計画性と緻密さと根気がある人は「エディトリアル（ホームページ）デザイナー」、モノづくりが好きで計算に強く論理的に物事を考えるタイプは「プロダクト（工業製品）デザイナー」や「建築デザイナー」、作家タイプのコツコツ型は「工芸デザイナー」といったぐあいです。

視覚言語を駆使する能力は各分野のデザイナー全般に備わっていますが、シンボルデザインとなると、企業の何を言語化して伝えるかといったことを、多くの制約の中で考えなければならず、より専門性が強くなります。

昔はグラフィックデザイナーやタイポグラファーがシンボルをデザインしていましたが、ブランディングが本格的になると、専門職のブランドデザイナーが誕生しました。この仕事に一番近いのは、グラフィックデザイナーと工業デザイナーの中間に位置する、パッケージデザイナーでしょう。開発手順の段階的・論理的アプローチは、工業デザイン的で根気を必要とします。またデザインアイテムは名刺といった小さな平面があるのでグラフィックデザイナーの絵画的なセンスも必要です。そのほか、パッケージや店舗サインといった立体にも仕事の範囲が及ぶので、ある一定以上の広い守備範囲をカバーできる経験を要します。

シンボルデザインは端的いうと「企業の心臓を表現する」ことです。企業は商品に比べて何倍も複雑で重要度も違うので、作業は大掛かりでその分プレッシャーもかかります。

よく、「我社にも優秀なデザイナーがいるのだから、彼らにシンボルのデザインをやらせればよい」と言うトップもいますが、たしかにデザイナーとしては優秀かもしれませんが、内科医に心臓手術をやらせるようなものですから、(私が言っても説得力がありませんが)おすすめしません。

ブランディングデザインの仕事は異分野の専門家との協働

シンボルデザインの仕事の別の大きな特徴は、多くの異分野の専門家との連携が続くことです。グラフィックデザイナーは、宣伝広告担当者、マーケティング担当者といった、いわゆる"業界人"と業界用語で仕事ができます。しかしブランディングデザインは、経営者、社員、経営コンサルタント、ブランドプロデューサー、リサーチャー、ブランドネーマー、インテリアデザイナー、建築家といった異分野の人たちとの協働作業になります。珍しい例では3社ほど、社長が信頼している占い師の先生との作業ということもありました。

ブランディングの作業は、駅伝のようなものです。ひと癖もふた癖もある人たちが、次々とバトンタッチをしていきます。ブランドデザイナーはそのうちの1区画を走るのですが、前後は、その区画の人と一緒に走ることになります。ブランドデザイナーは、広報マンやインテリアデザイナー、サインデザイナー、建築家にバトンを渡すことが数多くあります。

バトンタッチする時が重要で、バトンを落とさないように気をつけながら、しかしスピードを緩めないようにしばらく一緒に走らなければならないのです。

後ろにバトンを渡す時はよいのですが、前の走者と協働する場合、業界・専門家用語は使えません。「ディテール」は「詳細」、「デフォルメ」は「変形」、「フォント」は「文字」と言葉を置き換

えて使います。「ターゲット」も社長プレゼンテーションでは「お客様」という言い方に変わります。
　共通感覚で結ばれている業界人同士では、「これ、いいじゃない？」「うんこれでいこう」で済む話でも、「なぜ、これがいいのか」を説明するために、多くの証明材料と説明を必要とします。業界人としか仕事をしたことのない、直感と感性で動くデザイナーには耐えられないくらいの面倒くささなのです。

企業と人々を結ぶシンボル
　シンボルデザインの目的は共感的認知です。シンボルデザインによる視覚伝達は、
　・認知（おや！）
　・理解（そうか！）
　・確信（よし！）
　・行動（やろう！）
と進むわけですが、「伝達効果」と「行動」の因果関係を解明することは難しいので、心理学のように小さな事実の断片をつないで考察するしかありません。
　感性工学といった最近生まれた学問分野でも、視覚環境は複雑に交錯していますので、シンボルデザインの形が翻訳され、相手に獲得された意味が、どう人間の感情に作用し、企業と個人との信頼関係を確立したのか、といったことを証明するのは難しいのです。しかし、シンボルを契機として企業と人々との間に新たな結合の可能性が生まれる、ということは、多くの企業が普段の宣伝活動やマーケティング活動を通して肌で実感しているため、ブランディングにおけるシンボルの役割が理解してもらえるのです。

社長との関わりが密で深いシンボルデザイン

　ブランドデザイナーは企業のトップに直接会って話を聞いて、直接プレゼンテーションします。どの会社のトップも個性的で、さまざまな顔をもっていて一筋縄ではいきません。ロマンチストかと思うと、超現実家の顔も見せます。

　効率を重んじる社長が多いので、まわりもった言い方を嫌い、また相手の話の曖昧さを見逃さないので、柔らかなクリエイティブの世界で、繊細に生きているデザイナーにとって、企業トップはどちらかといえば苦手な相手です。

　しかし、デザインに関してはデザイナーのほうが専門ですから、基本的にはデザイナーのリードによって、デザイン作業は進めなければよい結果にはなりません。最初からトップの現実感覚に引っ張られすぎてもデザインは飛躍しないし、かといってデザイナーの感覚を押しつけていると感じられたら、よいデザインには決まらないので、その押したり引いたりの力の入れぐあいが難しいのです。

　ブランドデザインは、トップのビジョンを理解し、それを視覚化していく流れを、どう理解してもらえるかという点で難しさがあります。トップの方も、デザイナーを金で雇った技術者だが、一方、自社のシンボルをつくる芸術家でもあるということで、どう扱っていいか迷われるようです。

　トップにとって、デザイナーは自分のビジョンを形にする翻訳者です。デザイナーがトップの話を感覚的につかんでいきやすいように、内容はまとまっていなくても、トップ自身の言葉でたくさん伝えることです。

シンボルデザインは論理性のフィルターが何度も入る

　シンボルデザインのもう一つの特徴は、感覚的な作業の間に

「論理性」のフィルターが何枚も入ることです。"感覚で広げて、論理で絞って"というリズムです。シンボル開発のプロセスで、スタートのビジョンは感覚的ですが、次のリサーチを下敷きにした伝達戦略は論理的です。途中の商標チェック、あるいはデザイン候補案の社内調査の結果分析、決定のためのプレゼンテーションも、論理的に進められます。

　デザインですから、プロセスの中では「ねえ、いいでしょう」「うん、美しいね」という広告やポスターを作る時の感覚的な会話で作業が進むものですが、節目節目では、プロジェクトに関わるより多くの人が納得、安心して先に進めるように、論理的な解釈と表現の努力がなされます。

　デザインは基本的には感覚的に飛躍しますので、途中途中で論理的な説明がなされないと、これまで論理的に戦略を詰めてきた人々が「あれが、なんでああなるの？」と不信感が出てきます。

シンボル＆デザイン展開は開発期間も使用期間も長い

　例えば新聞広告や折り込みチラシは、新聞が出てしまえばそれで勝負がついてしまいます。何度か繰り返される広告もありますが、おおむね一発勝負です。しかしシンボルデザインは、業種業容が多少変わっても、社名が変わらなければ、10年、50年と使われ、100年使われる例もあります。したがって、長い時間に耐え得る飽きられないアイデアの必然性と形の完成度が要求されます。

　単に目立つものは一見惹かれますが、飽きるのも早いものです。またアイデアもあっと驚かせるだけでは長続きしません。狙いが正しく必然でなければなりません。広告やポスターのデザインは瞬発力が問われる100メートルの短距離走です。シンボルデザインは持久力が要求されます。マラソンです。かといって、第一印

象はどうでもいいのかというと、そうではありません。ぱっと見て人をひきつけるだけの魅力と、見れば見るほど味が出てくるという矛盾を越えなければいけないところにシンボルデザインの一番の難しさがあるのです。

　したがって、使用期間が長い分、開発に時間がかかります。長い例で、デザインスタートからシンボルのプレゼンテーションまで1年間というのを私は経験しています。その間、根気が続くというのもブランドデザイナーの特徴でしょう。

シンボル&デザイン展開は範囲が広い

　シンボル展開は、名刺や便箋といった印刷物だけでなく、ユニフォームやサインや車両、建物の内装外装など広範囲にわたります。ブランドデザイナーは、シンボルのデザインだけでなく、ファッションデザイナー、建築デザイナー、インテリアデザイナーなどと協働作業をしていくことになります。協働といっても他のデザイナーはデザインの2番走者、3番走者ですから、最初から関わってきたブランドデザイナーがリードすることになります。

　シンボルデザインは、企業ブランドデザインの「核」ですから、ブランドデザイナーが開発した1本のデザインポリシーで束ねることになります。間接的にしろ、なにしろ同業者を束ねるわけですから、難しいものがあります。各デザイナーも自信と自分のデザインポリシーをもっているので、途中から参加してきてよく事情を知らないデザイナーは「何であんたのディレクションに従わなければいけないのだ」となりがちです。他のデザイナーから見て、デザインの完成度が高くなければならないのは当然として、「なるほどわかった。あなたの線でいこう」と納得してもらえるまで、これまでの長いプロセスを説明しなければならないめんどうさがあります。

自他共に認める"大御所"にバトンを渡す際には出てこられると戸惑います。ある銀行のブランディングで郊外型独立店舗展開のデザインに関して、クライアントの希望で有名な建築家を起用しました。シンボルと展開デザインを見せて「モダンなイメージ」というデザインコンセプトを伝えたにも関わらず、彼は当地の文化的背景から「鬼瓦を使った民芸調の銀行」というコンセプトのデザインを出してきました。
　私が「いや、こういうんじゃなくて……」と遠慮がちに言うと、「わかりました」と持って帰ったのですが、本番のプレゼンテーションでも同じ提案をしたのにはびっくりしました。結局、彼の案は採用されませんでしたが、彼の案が採用されなくてよかったと今でも思っています。

シンボル＆デザイン展開はシステムである

　シンボル＆デザイン展開の最大の特徴はシステムになっているということです。企業が視覚発信するイメージをデザインによって戦略的計画的に操作するための、何千にも及ぶ視覚伝達物（デザインアイテム）全部を、一つのデザインポリシーで統合、関連付けるシステムです。
　繰り返しによる刷り込み効果で、企業イメージを人々にいだいてもらうために、視覚伝達の体系化をします。例えば、企業が使う荷造りテープのデザインまで、「こうありたい」という企業の理念や目標、そして、人々に「こう見てもらいたい」というシンボルの意図が反映されています。
　またそのポリシーが、企業のすみずみにまで広く理解され、正しく長く展開されるように、一定のルールを決め、展開の公式を作ります。そのルールに従えば、デザインのセンスがない人がデザイン発注しても一定レベル以上のものが上がってきて、またデ

ザイナーも、全くのゼロから始めなくてもよいため、プロセス、時間と費用のコストダウンになり、なおかつ共通イメージを保つことができます。これがシステムです。

デザインシステムがあれば、デザインを比較的たやすく正確に管理できます。システムは最適解のデザインに行きつくように、ありとあらゆる場面を先回りして答えが出るようにしなければなりません。そのため、システム構築の作業は表面的に見える部分の何倍もの労力を要し、システム化というこれまでのデザイン作業とはちょっと違う別の技術と根気が要求されます。

ブランディングでは次々とランナーにバトンが渡される

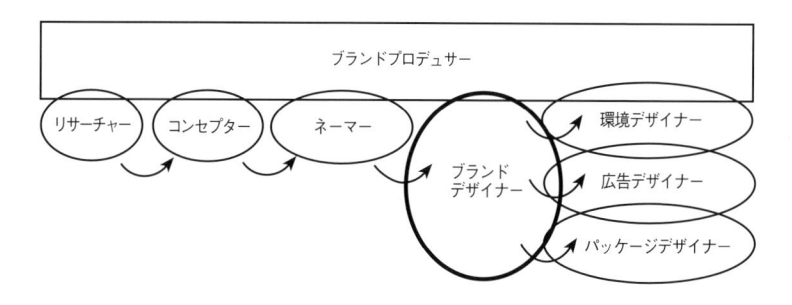

```
┌─────────────────────────────────────────┐
│          ブランドプロデューサー           │
└─────────────────────────────────────────┘
 リサーチャー → コンセプター → ネーマー →  ブランド    → 環境デザイナー
                                         デザイナー   → 広告デザイナー
                                                    → パッケージデザイナー
```

ブランドデザインの準備　　8

まず、共通のデザイン言語作りを

　理念や戦略は理屈の世界ですが、デザインは数値化できないイメージの世界です。感覚的な言葉が多く使われビジネスマンにとっては慣れない分野です。そのため、ともするとデザイナーの独擅場になり、デザイン開発部分がブラックボックス化してしまって、ブランディングの流れがプッツリと切れてしまうことがあります。

　こうしたことを避けるためには、可能な限りの論理的裏付けを取りながら協働作業を進めなければならず、そのためにはまず、できるだけ普通の言葉でデザインを語る努力をしなければなりません。

　とはいっても、我々現代人はデザインに囲まれて生活している「時代の子＝デザインの子」でもあるので、ある程度言葉が交換されると、速い学習スピードで「デザインとはこんなものだ」とわかってきます。またデザインに関するやりとりを通じ、だんだんデザイナーの考え方のクセや、頭の中身もわかり、いろいろ注文が出せるようになります。我々デザイナーにとっても、言葉によるやり取りは企業の担当者やトップと信頼関係を作るよい機会です。最終的には、トップには日常の延長上とは違うというレベルの頭と感覚を超えたデザインで決めてもらいたいので、「あいつが言うことだから」と信用されるようになっておくことが大切だからです。

　いったん言葉が通じはじめたら、緊張や犠牲が伴う戦略会議と違って、デザイン開発会議は、どちらかというと和気あいあいの雰囲気で進められます。

デザイン展開アイテム

　企業は全てのデザイン展開アイテムを使って社の内外にメッセ

企業ブランディングデザイン開発作業の流れ

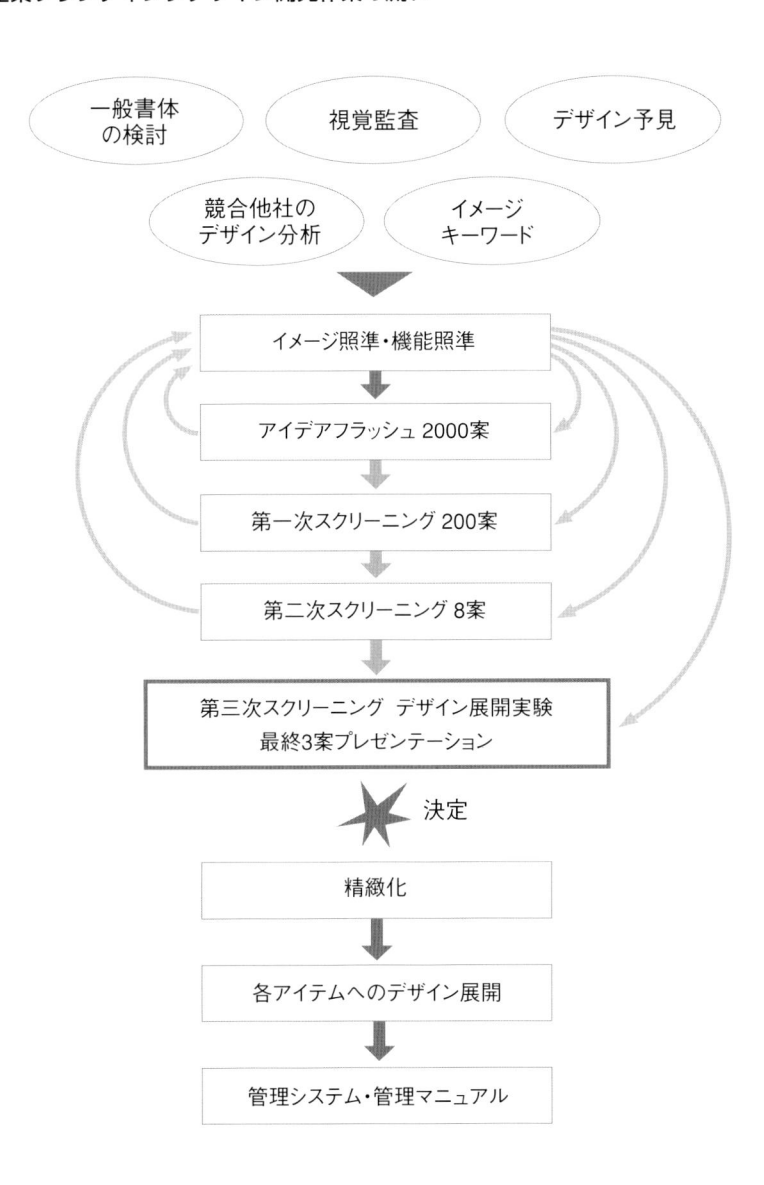

- 一般書体の検討
- 視覚監査
- デザイン予見
- 競合他社のデザイン分析
- イメージキーワード

↓

- イメージ照準・機能照準
- アイデアフラッシュ 2000案
- 第一次スクリーニング 200案
- 第二次スクリーニング 8案
- 第三次スクリーニング デザイン展開実験 最終3案プレゼンテーション

★ 決定

- 精緻化
- 各アイテムへのデザイン展開
- 管理システム・管理マニュアル

ブランドデザインの準備

ージを伝えています。ブランディングでは、デザイン展開アイテムを単に数字などの論理的、意味的伝達物ではなく、企業ブランドイメージという感覚的なことまで伝えるものと捉え、情報伝達とデザインをシステム化させます。

　それらのデザイン展開アイテムを集めて分析し、問題点を明確にしておくことが、シンボル開発後のデザイン展開の効率的でスムーズな運営に重要になってきます。このステップは新会社には必要ありませんが、古い会社ほど効果が高く、新会社には必要ありません。また企業が合併して社名も新たに再スタートといった場合も展開物を整理統合することが出来るので重要です。

　まず、現在使われているその企業のデザイン展開物を集め、分類し評価します。これらの展開物はいずれ、新しいデザインと全部入れ替わります。こうした作業を「視覚監査＝ビジュアルオーディット」と堅い名前で呼ぶこともあります。

　バッジ、社旗、ユニホーム、手提げ袋等のデザインはどうなっているか、オフィス店舗の内装、ビル外装、車両などはどういうイメージ伝達をするかなど、とにかく企業を取り巻く全ての表示物が対象になります。

　調査のポイントはシンボルやブランドネーム（社名）の使われ方です。すべてのデザイン展開物に、シンボルマークと社名は表示されているので、それらがどのような大きさで、どのように組み合わされて使われているかといったことを調べます。

　デザイン展開物の数は伝票まで含めると思ったよりたくさんあり、中堅企業でも1000点以上はあります。流通業などは店舗内で使用するアイテムがあるので、さらに数が多くなります。例えば、あるデパートではアイテム数が1万件を超えましたし、ある広告会社は5000点以上ありました。ブランディングのたびに、アイテムリストを作って全て集めてもらって、段ボール箱で送られて

くると事務所がふさがってしまいます。

主要デザイン展開物

　その中でも、主要デザイン展開物は30種類ぐらいあります。社内使用アイテムは、社旗、社章、証券、証書、ゴム印などで、名刺、封筒、便箋、ファクス用箋などのステーショナリー、伝票、帳票、契約書などの事務帳票類、カタログ、チラシ、DM、DM用封筒、見積書用ホルダー、手提げ袋、会社案内、アニュアルレポート、包装紙、値札、パッケージ、社史などの印刷物、社屋サイン、門標サイン、案内表示店舗サイン、ファサード、などのサイン類、トラックや商品配送車などです。また、営業車などの車両類、制服や作業服などのユニホーム類などがあります。

　この主要30デザイン展開物を先に再整備すれば、企業イメージ表現の半分をカバーできるといってもいいでしょう。とはいうものの、これら30デザイン展開物の再整備はやはり応急処置と考え、ブランド企業を築くためには、100パーセントに近いデザイン展開物の再整備をめざすべきでしょう。

デザイン展開物台帳作り

　デザイン展開物は大きく分けて
　・社内使用デザイン展開物
　・商取引デザイン展開物
　・社外使用デザイン展開物
があります。これまで使用されていたデザイン展開物を集めるのは、現状を調査する目的だけでなく、デザインの切り替えを円滑に効率よく行うためでもあります。デザイン展開物台帳は、新たに開発したシンボルをデザイン展開する際の設計図になります。

　デザイン展開物台帳のもう一つの重要な役割は、新デザイン切

り替えに関しての予算とスケジュール計画の台帳になることです。限られた予算の中で、
　　・アイテムのどのレベルまで切り替えていくのか
　　・切り替え時期はいつで、その後、誰が管理するのか
　　・どの会社にどれだけの仕事を発注するのか
といった計画が必要だからです。
　デザイン展開物台帳は、印刷物など、小さな物は現物を貼り、伝票などは
　　・誰が何に使っているのか
　　・印刷や制作の費用はいくらで、どこに発注しているのか
　　・どの部署の誰が管理しているのか
などを記入しておきます。
　車両やサイン、店舗ファサードなど、大きなものは写真を撮って貼り、耐用年数、設置年数、場所、値段、業者などを記入しておきます。
　実際にデザイン展開物を集めるのは各部署や支店の人たちですが、「こういった意義でやっているので、○月○日までにお願い致します」と、推進チームのリーダーがしっかりと伝えなければ、日常業務もあり面倒がられてなかなか協力してもらえません。
　本社からは比較的集まりやすいのですが、地方営業所や海外支社の「野立て看板の写真」といったものは遅れたりします。いざ集めてみると段ボールで部屋が埋まるびっくりする量で、営業所が各地に散らばっている大企業は、これらの整理と分析は外部専門家に依頼されます。
　イメージ訴求効果を考えると、新デザインにデザイン展開物をいっぺんに切り替えることに越したことはありませんが、サインや車両まで替えることになると、莫大な費用がかかるので、毎年徐々に切り替えていくという方法がとられます。どのアイテムか

ら先に切り換えていくかは、全体予算、費用対コミュニケーション効果などを考慮して決定されます。本社屋など、目立って宣伝効果のある場所の看板などは、多少費用がかかっても、導入時に変えたほうが社員の志気も高まってよいでしょう。

アイテム管理のために使用するデザイン展開物台帳

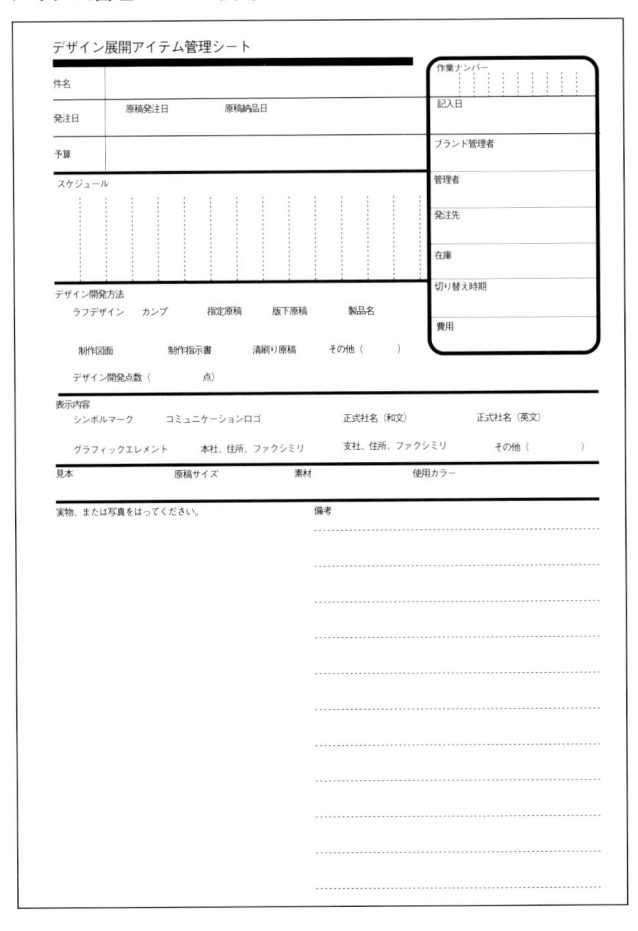

デザイン展開物視覚監査

　デザイン展開物視覚監査は、集めたデザイン展開物を見て、
　　・正しい視覚伝達情報内容か
　　・正しくデザイン展開されているか
　　・社内伝達物の伝達の流れはどうか
などをチェックします。デザインのよし悪しを、見た目の美と機能の両方で評価するので、ブランドデザイナーがこの作業を行います。

　「これから新たにデザインをするのだから、これまでのシンボルについて今更とやかく言ってもしょうがないだろう。問題があるからブランディングをやっているんだから……」と思われる方もいらっしゃるかもしれませんが、監査（評価）は、次の3つの目的があります。

監査（評価）の目的1：「引き戻し防止」

　「引き戻し」というのは、新しいシンボル案が提示された時点で必ず出てくる「お金もこんなにかかることだし、果たしてリスクを冒してまで名称やシンボルを新しくする必要があるのか」という躊躇です。

　古い企業にとって、シンボル変更は費用もかかるし、知名度も下がるので大きなリスクとなり、必ず途中で「引き戻し」がきます。その防止のために「いかにこれまでのシンボルとデザイン展開がバラバラでまずかったか。そのために情報やイメージ伝達が非効率で大きな機会損失であったか」を、トップグループに印象付けておく必要があるのです。また、「これまでのシンボルは伝統性や信頼感などいいところもあって、それなりに人にも知られ、信頼を得ている。しかし、その既得価値を見切って、新たな企業の展開に向けて新しい企業ビジョンに沿った、先進的でユニーク

な、もっとパワーのあるシンボルをもとう、冒険しよう」というための確認をとります。

　実はトップグループは、理屈ではシンボル変更に同意していても、心情的にはこれまでのシンボルに愛着を感じていて、いざ見慣れない形のシンボルが候補として目の前に現れると、「どうしても今のシンボルを変えないといけないのか」「うちのイメージが今ひとつなのは、シンボルだけのせいなのか」と、土壇場で抵抗されるケースが多いのです。

ビジョンが共有されていなければデザインも保守的になってしまう

荒田真一郎「企業実体／イメージ連関モデル」を筆者アレンジ

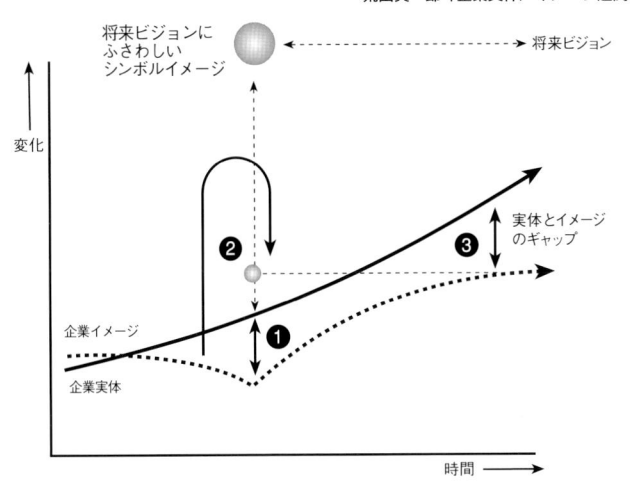

❶ 企業実体は年々伸びてきたが、適切なデザインシステムがないために、企業イメージだけが取り残されて、イメージギャップがある企業が多い。
❷ そこでビジョンを立てデザインをはじめるのだが、ビジョンが徹底して共有されていないと、「なにもリスクを冒してまでやることはないだろう」という現実への引き戻しがあるので、感覚的飛躍が小さくなってしまう。
❸ 何年か後に、全てのデザイン展開が終わったころには、すでに新たなイメージギャップができている。

監査（評価）の目的2：「期待感の醸成」

　今までイメージの点で大損してきたということは半面、このような低いコミュニケーションレベルのデザインで、これまで立派にやってこられたということは、我社によほどよい資源がある証拠だ。今後シンボルをはじめとするデザイン展開を、きっちりとしたものにすると飛躍的成長が望めるはずだ、ということになります。デザインを標準化、システム化することでコミュニケーション効率が上がる。そのうえ、デザインに対する手間が省かれるのでデザイン料金が削減される。いらないアイテムを整理することからくる大幅なコスト削減になる、といった具体的なメリットをきちんと理解してもらいます。

監査（評価）の目的3：「デザインの学習」

　これまで何の気なしに見てきたデザインを一堂に集めてながめたり、デザイナーの話を聞いたりしながら、デザインの役割や力を認識するよい機会になり、次に来る新シンボル開発の際の「理念と造形とを重ねて話す」という推進チームの作業の予行練習と、新デザイン提案を受け決定するトップの準備になります。

　また、これまでブランド管理システムと担当者がいなかったからこうなったということもはっきりしますので、その重要性を理解してもらうよい機会になります。

　トップグループを交えたデザイン学習の機会は、この視覚監査が長い企業の歴史の中で最初で最後になるかもしれません。自社のシンボルに関することだから、トップもデザイナーの相手をしてくれます。この時、企業活動の中でデザインを大切にすることが経営戦略上、いかに大切なことか、トップの美的センスを企業でどのように活かすことができるのか、会社をデザインによって

アート化するそのプロセスは、いかに社長冥利に尽きる楽しいことか、質のよいデザインを発信することは、自社の利益のみならず社会文化貢献でもある、といったデザインの役割とパワーと楽しさについて知ってもらいます。

現状のデザインにケチをつけすぎない
　特に、30年以上前に作られたシンボルの多くは「他社と混同しないための目印」「信用をつけて結果として立派な印になればよい」と、のれんにおける日本の家紋的発想で作られています。つまり以前は、シンボルの果たす役割認識が弱く、形で何かを伝えようという意図で作られたものでなかったので、ユニークさやアイデアということに関しては考慮されていませんでした。
　シンボル開発に対する時間と費用のかけ方が、昔と今は100倍以上違うので、その分、昔のシンボルはアイデアと造形に甘さがあります。剣豪が竹刀を持った相手の姿を見ただけで強いか弱いかわかるように、何十年とやっているブランドデザイナーが見れば、それにかけられたエネルギーを見抜くことができます。玄人が一目で見抜くシンボルの品質差は、社員は1か月で、取引先は半年で、一般顧客は1年で見抜きます。
　用心しないといけないのは、中にはその企業の関係者がデザインしたものが混じっていることです。
　しかし私は、一応問題点について文章化しますが、口頭で「ああだ、こうだ」と批評はしません。あまり深入りはしないでさらっと流します。なぜなら、現状のシンボルはその会社にとってすでに象徴化されているからです。伝達効果に関係なく、特に長年勤めている社員とは一体化している場合があります。わかっていても自社のシンボルについてとやかく言われると、自分のこれまでの社歴にまでケチをつけられているようでイヤなものです。

ブランドデザインの準備

ですから、できるだけ「20代社員の54%が古いと感じている」とか「外部の80%の人が、このシンボルを見て他の業種と感じた」といった客観的なデータを利用します。

千葉にある銀行で、預金通帳のデザインを批判しようと息を吸い込んだら、「私がデザインしました」と目の前にいる人事部長に言われたこともありますし、四国にあるテレビ局で、同じエリアの競争相手のシンボルのデザインを批判しようとしたら、同席していた広告会社のディレクターが「私がデザインしました」と言われました。そのほか、「うちの社員送迎バスの外装は私がデザインした」という世界一の技術をもつ製造メーカーの重役もブランディングチームにいました。

昔作られたデザインには、こうしたケースも多いので、個別批判はしないで「単体で見ると悪くはないが、デザイン展開の公式や法則が見られないのでシステムになっていない」という言い方をするようにしています。

以下、視覚監査で指摘される代表的な問題点について、考えていきます。

問題点1：「ブランドシンボルが古い」

ブランドシンボルは着想と造形から成り立っていますから、「古い」という一言に、着想が正しい・正しくない、造形が正しい・正しくないといった要素が入り組んでいます。着想が正しくなければ新しく変えなければいけないし、着想が正しければ、造形上の磨きをかけて正しくするだけで済みます。

長く続いた会社で、ほとんどの場合問題があるのは、シンボルやブランドロゴが古く現状に合わなくなっていることです。先に述べたように、きちんとしたプロセスで作られたものは少ないので、ブランディングという新しい物差しで計ると、ほとんどが着

想も造形も悪く、イメージ伝達上問題だらけです。さすがに最近は、単なる目印的・家紋的なシンボルは少なくなりましたが、まだ古い会社には残っています。

　シンボルは広告のようにそのつど変えるわけにはいかないので、伝達力を失ったまま、長いこと手付かずで放っておかれたのです。企業実体はコンピューターを駆使した高度情報産業に変身しているのに、デザインは元の呉服屋さんのイメージのままというところもあります。現在すでに古いのですから、将来ビジョンと比べたら、ギャップは広がる一方です。

　では、これから新たに作るシンボルも20年後には"年代物"になっているかというと、そうではありません。現在のブランディングの手法で作られたシンボルデザインは、社名や業種が変わらない限りずっと使えます。シンボルにコンセプトが反映されていてアイデアに必然性があったら決して古くはなりません。

　急成長して業種業容が変化したにも関わらず、何十年も同じシンボルを使って色が褪せない企業はたくさんあります。そういう企業は、創業当時はそれほど余裕がなかったはずですが、分不相応なエネルギーをかけてデザイン開発をしていたりします。その分、デザインを丁寧に扱い、磨きをかけて使ってきたので、会社とシンボルが一体となって一流企業になってきたのです。そのような色が褪せない企業のシンボルは、我々が知らないところで、ずっと「感覚修正」と呼ばれるメンテナンスをしてきているのです。

　ところが多くの企業は、創業当時に"とりあえず作った"シンボルです。急成長して20年で商圏が広がり、業種業容が変化し、ターゲットが変化して、入ってくる社員が変化し、社屋が変化し、企業も見違えるようになれば、シンボルデザインがずれてくるのは当然です。

また、社内に残っているシンボルやブランドロゴのオリジナルそのものが劣化して角が取れて丸くなり、エッジがのこぎりのようにガタガタなっている会社もあります。理由は、社内のシンボルのマスターアート管理のまずさです。
　一応、清刷り（シンボルが印刷された紙）と呼ばれるオリジナルはあるのですが、外部に貸し出している間に、どれがオリジナルかわからなくなってしまうケースがほとんどです。最初のオリジナルはなくなり、コピーのコピーがオリジナルとして扱われ、劣化してガタガタになっている場合が多いのです。
　宣伝印刷物が多い企業では、「これがオリジナルだ」と渡された清刷りのシンボルよりも、パンフレットの裏に印刷されたシンボルの方が美しく新しい場合が多々あります。パンフレットの制作を依頼されたデザイナーが、ガタガタの清刷りを見るに見かねてリファインしてくれているのです。広告活動をよくやる大企業も実はそうやって企業側が知らないうちにシンボルに磨きをかけていることも結構多いのです。
　ちなみに、新ブランディングでは、マスターアート（紙と電子媒体オリジナル原版）を作って、社内金庫に収めるようにします。貸し出し用は別に作っておきます。

問題点2：「デザインがバラバラである」
　ほとんどの企業のデザインがバラバラ、つまりデザインシステムになっていません。ルールも何もないところで、その時々の状況で担当者のイメージ解釈で作ってきたので、様式も質もバラバラになるのは当然です。
　「トータルデザインポリシー」「企業戦略のためのデザイン統合」などと言われ始めて30年近くたちますが、実際に取り入れた企業は多くても、維持するシステムまでは作りませんでした。デ

ザインのシステム管理が言われ始めたのは、企業ブランディングと言われるようになった最近です。

"バラバラ"にはブランドシンボルやブランドロゴやブランドカラーといった基本デザインシステム自体が揃っていない"バラバラ"と、各デザイン展開物のデザインの様式が"バラバラ"という2種類があります。「見た目にもバラバラ」というのは誰もが見ればわかるので、プレゼンテーション効果は抜群です。

問題点3:「デザインに国際性がない」

実体は世界的な優良企業になっているにもかかわらず、シンボルに国際性がなくて大損している会社もたくさん見かけます。立派な製品を作っているにもかかわらず、アルファベットのブランドシンボルがあまりにひどいので、見るに見かねてそういう会社の社長に手紙を出したことがありますが、返事をもらったことはありません。

デザインの国際性には、次の3つの観点があります。
・デザイン品質が先進国レベルまで達しているか？
・アイデアに必然性があるか？
・象徴性に問題がないか？

デザイン品質、つまり表現センスと造形の完成度が先進国レベルに達しているかどうかといったことは、受け取り方もさまざまですので、我々デザイナーも指摘しにくいものがあります。しかし文字のデザインルールとなると、知っているがために、おせっかいとわかっていても、つい一言言ってあげたくなるのです。

国際企業のブランドシンボルはアルファベットですが、文字のレタリングルールを無視したシンボルが、国際商品の一番目立つところにマーキングしてあることもあります。

日本の文字にも書道があるように、アルファベットの世界も奥

が深くて、長い年月その国の文化を背負ってきているので、うかつには取り扱えないのです。アルファベットの基本を知らないデザイナーが、ついアルファベットを「絵」のつもりで変形してしまって「単なる汚い文字」になってしまう恐れもあるのです。

　私たちが、海外で変な漢字やカタカナ文字がプリントされたTシャツを見かけた時に気恥ずかしくなりますが、それに近いことが実際に起きているのです。製品の品質とかけ離れたシンボルのついた商品のマイナス効果は金額にして天文学的な数字になるでしょう。これでは、よいものを一生懸命に作り、苦労して世界中で販売している社員が気の毒です。

　国際社会で難しいのは図形シンボルで、わかりやすい分、危険な面もあります。以前、星をシンボルにしている企業がありましたが、造形が"ダビデの星"に似ているということで作り直しました。花鳥風月のシンボルはネガティブに民族意識を刺激する場合も多く、必ずしも国際的とはいえません。

問題点4：「他社のシンボルに類似している」

　多くの会社が創業時にそれほど念を入れてシンボルを作ったわけでないので、どこかの会社のシンボルに酷似しているケースもたくさんあります。特に図形シンボルは類似の問題が付きまといます。

　企業規模が小さなうちはそれほど問題になりませんが、だんだん社会に知られる企業になってくると、他社のシンボルに似ているということが大きなマイナス要因になってくるのです。

　これまで日本の多くの企業は、企業ブランド発想がなかったので、自分たちのシンボルを類似から守るとか、他社の独自性を脅かさないということには無頓着でした。しかし、ブランディングの考え方が浸透してくるにつれて、商標権に関する訴訟問題が頻

繁に発生するようになりました。

　外国企業は類似に対する防衛意識が徹底していて、例えば「グッチ」という名のキャバレーが訴えられたり、日本のコーヒーショップチェーンに対するシンボルとインテリアデザインの類似訴訟や、衣料品会社に対するインテリアデザインの類似訴訟などが外国企業によってなされました。日本企業もソニーのように早くから国際化した企業は、商標類似問題を重要視していて、1980年代に「ソニーチョコレート」を訴えて製造をやめさせたりしています。

　学校や病院などのサービス業は未だに商標に無頓着です。先に述べたように、商標の国際ルール化に応じてサービスマークが制定され、類似問題に注意を払う必要が出てきました。

視覚監査プレゼンテーション

　視覚監査のために集めたもの、たとえば名刺、封筒、便箋の実物をパネルに貼って、企業の経営陣に見せるだけで大きな効果があります。1点1点はどれも見慣れていますが、まとめて眺めたことがないので、「ほう、こんなにひどかったのか。いつの間にこんなに種類が増えたんだ」という反応が返ってきます。

　同じ会社の名刺でも縦型があったり、横型があったり、レイアウトもまちまちなこともありますし、封筒と便箋とで社名の書体が違っていることもあります。そして、システムとはこういうものだという他社のよい例を手本として見てもらいます。もしその見本が競合他社のものだったら危機感をもたれ、絶大な効果を発揮します。

　「デザインが揃っていたほうが、伝達上の反復効果も大きい」ということは、デザインを重視していない人にもわかります。また、デザインセンスがない人でも、揃えてないから美しくないと

いうことはわかり、「シンボルとデザイン展開のデザイン品質も、世間一般あるいは競合他社に比べ劣っている」と感じてくれます。

そして、ブランディングは、各デザイン展開物のイメージ伝達相乗効果を得るために、デザインシステムが柱になること。したがって現状のバラバラの状態はブランディング上、初歩的な間違いであることを実感してもらいます。

日本能率協会の場合、1階のロビーにセミナーなどのリーフレットやパンフレットが300種類ぐらい並べて置いてあり、トップがたまたまそれを見て「見た目にバラバラだから、統一すべきだ」言い出され、ブランディングに発展しました

社内情報伝達物監査

社内情報伝達物の量と質を調べると、社内情報の流れ、つまりその会社のコミュニケーションの癖がわかります。ある部署間は伝票が充実しているのに、あるところは極端に少ない。情報が適量に全体にちゃんと回っていない。あるいはどこかでブロックしている、といったことがわかります。

紙伝達媒体の主なものは伝票です。血液検査だけで体の悪いところが発見できるように、企業で使用している伝票のアイテムを収集、分析すると、社内外コミュニケーションの根本的な問題点までが浮び上がります。決定するまでの手続きが多いと、それだけ伝票も多く、ハンコを押すところもいっぱいあります。そのため、社内情報の流れは動脈硬化を起し、情報の循環が悪くなります。情報の循環が悪くなれば、柔軟性がなくなり、脳にあたる経営中枢部分だと脳梗塞など命にかかわる問題が襲います。

ブランディングによって、社内情報伝達物を再検討、再整備し、手間がかからず効果の高いシステムを作ることで、社内の風

通しもよくなり会社は健康を回復します。実際には社内伝達は、口頭で、会議で、社内箋メモで、社内報で、イントラネットでと、さまざま形態によりますが、記録に残る紙媒体は、リトマス試験紙の役割を果たします。

最近はイントラネットなど、各人がコンピューターでつながって、情報の流れをつかみにくい面はありますが、その中でもおのずと暗黙のルール、習慣が出来上がっていて、最終決定のプロセスや決定伝達するスピードなどは、伝達物チェックとインタビューにより把握します。

社外情報伝達物監査

次に、社内から社外へ向けての伝達物と伝達内容をチェックします。例えばブランド理念や主張を、どのような媒体でどのような表現スタイルで、どのくらいの頻度で、誰に向けて発信しているか、ということを調べます。この作業は、「情報伝達監査（コミュニケーションオーディット）」ともいわれています。

上場前の企業だと、適正なターゲットに適正なバランスで情報が発信されているかも調べます。たかが集金伝票だからといってなおざりにされていないか、せっかくの伝達機会を見過ごしていないか、といったこともチェックします。

例えば、電気会社、ガス会社、電話会社などは伝票そのものが直接的に人々の手に渡り、目に触れる伝達媒体なのに、単なる伝票で終わらせるのはもったいないのです。保険業のような業種にとっても、伝票は社会向け伝達の重要媒体なので、相応の情熱を注ぐべきです。

そのほか、「○○屋さんにしか見えない」「○○をめざしている会社には見えない」といった伝達スタイルとイメージ情報の評価もします。ブリヂストンタイヤの「タイヤ」が、実際の業種・業

ビジュアルオーディット

ブランドデザインの準備

107

容の広がりを邪魔している、といった意味訴求的なものだけでなく、「固い会社に見える（感じる）」といった感覚訴求面も、デザイナーが自分の経験値と感覚で評価します。

デザイン展開アイテムを整理してコストダウン

　ブランディングでは、印刷物もすべて差し替えられるので、デザイン展開アイテムを再検討するよい機会です。「ブランディングでデザイン展開物を整理統合することで、30％のコストダウンと120％のイメージアップが可能だ」と、よく言われます。

　多くの会社は、行き当たりばったりでデザイン展開物を増やしてきたので、整理すればかなりのコストダウンが可能です。

　あるデパートでは、パッケージなどの種類を少なくすることで制作コストと取り扱い管理上の無駄が省け、年間7000万円の費用が浮きました。細かいサイズ違いの箱の制作を、担当者がそれぞれ自分の気に入った業者にやらせていたので、その数が際限なく増え続けていたのです。ネクタイの箱だけで、なんと4サイズもありました。

　また、ある広告会社は、それこそ社員が自分で伝票を設計して印刷する能力があるので、伝票類が増え続けていて、それを整理し減らすことで年間数億円のコストダウンに成功しました。

　ブランディング的発想でデザイン展開アイテムを制作、管理していないことと、業務の多様化に伴い際限なく種類が増えてしまうことによって、多くの会社でデザイン展開物が、コスト上、伝達効果上、書き込みの労力上の大きなロスを生んでいるのです。デザイン展開アイテム数を減らし、しかもアイテムごとの企業イメージ伝達効率を上げるブランディングのメリットはとても大きいのです。

競合他社のデザインを集め、調べる

　競合他社のシンボルと展開デザインアイテムは出来るだけ集めて調べます。組織的に集めてもらいますが、例えば銀行だと、競合の銀行へ行って、パンフレットや現金袋をもらってくれば済みます。また、外から建物の写真も撮ります。

　もし競合他社のほうが先にブランディングをやっていたら、自社と比べて訴求パワーの違いを実感することができるでしょう。いっしょに並べてトップに見せれば、危機感をもってもらえます。

　この調査は、単に参考にするためではなく、競合他社に勝つデザインを制作するために行うのです。すべての企業には競争相手がいます。たとえ今は独占事業に近くても、いつかは競合相手が現れます。特に、抜きつ抜かれつのライバル企業、常に自社の上位に立ちはだかっている"目の上のたんこぶ企業"は、特に念入りにデザイン研究します。チェーン展開している流通業や金融会社は、旗を前面に押し立てて敵と戦った戦国時代の軍団のように、シンボルを前面に出して街中で競合他社と戦っています。

　ブランドデザイナーは常々戦略に連動したシンボルを作っているので、氷山の一角である他社のシンボルと展開デザイン物を眺めているだけで、水面下で企業が考えている伝達戦略やイメージ戦略までわかります。

　とはいえ、デザインはあくまで平和戦略で、まして2社だけで戦っているわけではないので、「似たもので、相手以上のものを作って、相手のデザインの魅力を失わせる」というような、"喧嘩デザイン"はしません。競合他社のデザインは尊重して、"接近戦"には持ち込まず、離れたところで違う戦略を立てます。

　例えば、コンビニエンスストアのデザインは、「街中で目立つ」という絶対条件の中で配色が決め手になります。店舗のファサードデザインは、まさに戦いの旗で、戦うために旗幟を鮮明にしな

ければならない典型例です。

　当時コンビニ業界3位の「ファミリーマート」のデザインに携わった時、競合他社上位6位までのデザインを集めてきましたが、2位企業の水色一色は別として、赤や青を使った強烈な配色が、いわゆる「コンビニらしさ」で、残っていた原色は緑だけでした。偶然に当時、親会社が広告などで緑を多く使っていたので、緑と青を基調にしたデザインを提案し、承認されました。

　また、形については、真四角のポールサインには不利ながら、他社の図形シンボルとは全く違う「FamilyMart」という当時のコンビニの感覚としてはシンプルでスマートすぎる英字のブランドシンボルに決定されました。

シンボルデザインコンセプト

　ブランドシンボルは、企業理念や目標、特徴などが凝縮され結晶化したものです。
　シンボルデザインコンセプトは、
　　・伝達戦略目標：「誰に何をどのように伝えるのか？」
　　・デザイン照準：「どのような形と色で伝えるのか？」
　　・イメージ戦略目標：「誰にどのようなイメージをもってもらいたいか？」
といったことを言語化したものです。

　例えば、「愛される企業」というブランド理念が、シンボルデザインコンセプトでは「知的で若々しいイメージ」となり、「未来を先取りする企業」が「大胆な変化」とデザインのために翻訳されます。

　シンボルデザインコンセプトは、シンボルの候補案をふるいにかけていく際に、そのデザインが正しいかどうかということを話し合うための共通言語として使われます。共通言語があると、効

率が上がり、摩擦やストレスも少なく済みます。

「目標」といっても、「我々がここへいくためには、このデザイン表現のほうが得だろう」といった、最終アウトプットを示唆した予見に近いものです。幅広く意味がとられ自由な発想の邪魔にならず、かといって広がりすぎないで、途中で「果たして正しい方向に向けて我々は進んでいるのだろうか」と迷った時のガイドラインの役割をします。

シンボルデザインコンセプトは、開発開始時よりも開発が途中まで進んだところでだんだんと効力を発揮してきます。コンセプトは遠くに見えるランドシンボルのようなもので、迷子になった時にいつでも目印になる、デザイン開発チームのよりどころとなるものです。

デザイン照準

デザイン照準は、「我社はこうなる。だからこう表現する」というように、企業理念や伝達理念などのアナログな文章記述を「どのような形と色で伝えるのか？」にキーワード化したものです。

デザイン照準には2つの働きがあります。一つは、デザインアイデアの発想時の手がかりとして使うこと、もう一つは、その結果出た、たくさんのアイデアをふるいにかけるフィルターの役割をするというものです。デザイン照準はブランディングのような集団創造にとって必要不可欠なものです。なぜなら集団創造にとって、集団絞り込みが命だからです。

一つ一つのキーワードは、その企業にふさわしいデザインを、専門性を越えたブランディングチーム全員で絞り込んでいく際の共通言語になります。共通認識に基づいた共通言語を参加者全員が使いこなし始めることで、限りなく広がるデザインの可能性

の中から、照準キーワードという望遠鏡付のスコープで照準を合わせ、正しいデザインをキャッチします。

　上下関係、ビジネスの利害関係、専門家の立場や個人の好みで決まるのではなく、デザイン照準によって、理屈の裏付けが生まれ、よりよいデザインへと絞り込んでいけるという実感が得られます。

　デザイン照準の基準は、次の2つに分けられます。
　・イメージ照準
　・機能照準

イメージ照準

　イメージ照準は、企業が目的を達成するために強化したいイメージのことです。そのイメージが強化されることで、企業がビジョン方向へ向かえる、社会が道を開けて応援してくれる、あるいは社員がビジョンへ向かう気になってくれるといったものです。

　例えば、安定イメージの会社が新たに身につけたハイテクノロジーを武器に、本気で新分野に進出することを決めたなら、「安定性イメージ」は捨てて「先進性、活動性イメージ」が、最重点照準として承認されます。また食品会社が、バイオテクノロジーを使って本気で医療分野に進出しようと考えていたら、「親近感」を捨ててでも、「知性、国際感覚性」のイメージを強調します。しかし、そうした企業イメージの転換があまりに危険で、本体事業を危険にさらすことが懸念されるようであれば、別ブランドを立てる戦略に切り替えます。

　医療品の会社にとって「健康感」「信頼感」のイメージは欠かせないものですが、未来ビジョンと変化のステージから見れば、「健康感」を多少犠牲にしてでも「技術力」「未来感」のイメージを強調したほうがよいという場合もあるのです。

そういった矛盾した基準が同時にあるので、これまでの理念と戦略部分がしっかりと共有されていないと、選択場面で混乱することになります。

イメージ照準のチェック項目

企業ブランディングデザインが備えるべき、イメージ的な条件のチェック項目には次のようなものがあります。
- 「先進性・未来性」
- 「活動性・躍動性」
- 「斬新性・新奇性」
- 「都会性・知性」
- 「親近性」
- 「信頼性」
- 「人間性」

＜先進性・未来性＞……先進的なデザインか？

これまでにない、最先端、実験段階、未知的なものというイメージです。未来感、宇宙感、コンピューター感、デジタル感、ハイテクノロジー感に通じます。具体的な形だと、光ファイバーやレーザー光線、シャープな斜めの線、メタリックな表面、プラスチック感といった人工美に通じるものがあります。これらは「自然感」「人間感」と対極にあります。

＜活動性・躍動性＞……ダイナミックなデザインか？

今にも動き出しそうな躍動感のある元気でパワフルなイメージです。力強い右上がりの斜めのデザインが、活動的な印象を見る人に与えます。形は、四角形や三角形のように底辺がドッシリと安定しておらず、今にも倒れそうな不安定な形でしょう。したが

って安定感とは対極に位置します。

＜斬新性・新奇性＞……目新しいデザインか？

　前記の先進性は、テクノロジー的な新しさのイメージですが、こちらは芸術的、文化的、ファッション的新しさのイメージです。「新しさ」という非常にあいまいな表現ですが、「これまであまりなじみはないが、未来的な感じがする」といったものです。しかし、これまでなじみがなかったということは、まだデザインの"耐久力実験"が済んでいないということです。「斬新さ」とはいえ、10年間は鮮度を保つ必要があり、ブランディングの場合は、前衛芸術のように有史以来初登場といったものは使えません。デザインの場合の斬新さは、美術の世界で以前は前衛芸術だったものが少し時代になじんできたという程度の新しさです。

＜都会性・知性＞……スマートなデザインか？

　表現するのも説明するのも、一番幅があって難しいイメージです。都会的でスマートな知性ある大人のコンテンポラリーイメージです。線の細い知的でデリケートでおしゃれなイメージです。力強さはありません。「国際性」に近いイメージですが、単にアルファベットを使って洋風にすれば、国際感覚を表現できるかといえばそうではありません。シンプルで、アイデアも必然性と意外性とウィットに富んでいて自己主張していなければなりません。流行を追っただけの上っ面な造形処理では、底が浅いイメージに受け取られてしまいます。実際にはまだ企業が国際化していなくても、世界的視野に立って説明責任をきちんと果たすグローバルスタンダードの企業イメージを伝え、また、若い人たちの異文化への憧れに応えるためにも国際感覚は必要になります。

＜親近性＞……一般受けするデザインか？
　見ていて親しみと安心感を人々に与えるイメージです。人はどういう形に安心するかといえば、今まで見慣れた中でよかったと思うものに共感をもちます。したがって先進性・未来性、斬新性・新奇性とは全く逆の保守的なイメージだと思って間違いありません。ほとんどの企業ブランディング戦略で最重要目標になることがまずないイメージ基準ですが、流通・小売業や食品加工販売業には、押さえ照準として必ず上げられるイメージです。

＜信頼性＞……安心されるデザインか？
　これも保守的なイメージで、安定感、安心感、誠実感、堅実感といったイメージです。落ち着きがあり、四角形や三角形の安定した形で、斜めで不安定で細い線の＜先進性・未来性＞や、元気な＜活動性・躍動性＞とは反対のイメージです。これも例えば、金融機関や役所、病院、学校といった手堅い業種に押さえのイメージとして照準に上げられます。

＜人間性＞……素朴で優しいデザインか？
　これも非常にあいまいなイメージですが、日本企業ではけっこうこのイメージが求められます。人の手の技から生み出されたぬくもりのある美しさ、定規ではなくて素朴なフリーハンドで描かれたヒューマンなタッチといったイメージです。人工美の＜先進性・未来性＞に比べ、土や木など自然物から作った工芸的なイメージが人間性です。人の手や顔、木や太陽、ハートといった形は人間性を記号化したものです。

イメージと形

▲　　　●　　　╱

安定性　　親近性　　先進性
信頼性　　伝統性　　活動性

機能照準
　「イメージ照準」は情報戦略上求められる感覚上のチェック項目でしたが、「機能照準」はシンボルデザインとデザインシステムの使い勝手がどうかという実際面での開発目標とチェック項目になります。機能的な条件のチェック項目には次のようなものがあります。
・「独自性」
・「伝達性」
・「耐久性」
・「話題性」
・「展開性」

＜独自性＞……個性がありユニークか？
　個性があって、ユニークで、他に似たものはないかということです。法律的に似たものがないかは、商標の事前調査でチェックしますが、商標の範囲を超えて、主にデザイナーの記憶データと照合してチックします。デザイナーの頭の中には膨大なデータが入っていて、似たものがあるとすぐ引っ掛かるようになっていま

す。誰か他のデザイナーが手がけたデザインに似たものは、決して作らないというデザイナー自身の意地もあるので、けっこう厳しい自主チェックが行われます。

　これまでどこにもなかった独創的なアイデアというのは、実はありえないのだという人もいます。これだけたくさんの視覚物に取り囲まれている現代では、形を分解すると、長い歴史の中で誰かが手がけたシンボルとぶつかるのは仕方がありません。

　そこで、独自性とは、部品は同じかもしれないが、他にない組み合わせを見つけることだということもできます。また、そのアイデアがたまたま偶然に世界のどこかで見つかったとしても、アイデアがその企業の理念と戦略と一致する、つまり必然性があれば、それは独創的だと解釈します。その独自性を計る定規として「ウィット」という視点は重要です。ウィットは驚きのあるユーモアです。ウィットは視点を変えて表現したものですから、その新しい視点が独創的だということになります。

＜伝達性＞……わかるかどうか？

　そのデザインを見て意味が伝わるか、説明されてそれがわかりやすいか、ということです。昔のシンボルは、花や動物や道具といった誰にでもわかる具象的なものを使って意味を伝えようとしましたが、伝達力に限界があるというので、最近のシンボルは抽象化が進みました。抽象形のほうが、感性や無意識に直接訴える力が強いからです。

　ただし、抽象画と同じですから、絵のタイトルや説明を聞かないと最初は意味がわかりません。とはいっても、あまりにチンプンカンプンでは問題があるので、「これはこういう意味だ」と説明されて、こじつけととられるのではなく「説明されればそんなようにも見える」といった感じで、二度三度見れば「そういえば、

そんなふうに見えてきた」、10回も見れば「なるほどそうか」と感じるぐらいの伝達性で十分でしょう。

＜耐久性＞……新鮮さが失われないか？

　パッと見は地味、あるいはピンとこないが、見ているとだんだんよさが見えてくる、スルメのように噛めば噛むほど味が出てくるデザインを、「耐久性があるデザイン」といいます。名作が何百年たっても光を失わないのと同じです。

　耐久性は話題性とは通常相反する関係にあります。広告だったら、パッと見て目を引かなければ意味がないので、話題性重視ですが、ブランドシンボルは、何度も繰り返し10年以上も見られるので、むしろ耐久性のほうが重要です。

　そのポイントは、シンボルに込められている情報量とアイデアの必然性、つまりデザインの質です。耐久性があるかどうかは最初は玄人にしかわかりません。耐久性のあるシンボルデザインのよさは玄人順に、まずブランディングチームの人がわかり、社員がわかり、取引先の人がわかり、顧客がわかりという順序で伝わります。

＜話題性＞……目立つかどうか？

　印象性、記憶性、残像性ともいいます。シンボルが目に飛び込んできて「あっ！」と、人々の印象に残るかです。

　印象に残るというだけなら、どぎつい不愉快なものも残りますが、気持ちがよくて後味のよい驚きでなければなりません。素人を一瞬驚かせることは簡単です。ブランドは長年見つめられるので、素人もプロの目化したレベルで見つめられるものですから、よほどしっかりしたアイデアと造形の必然性がなければ、単に奇をてらっただけのすぐ飽きのくるデザインになってしまいます。

＜展開性＞……デザイン展開しやすいか？

　シンボルを、名刺、封筒、看板、車両、包装紙など、いろいろなデザイン展開アイテムに効果的にダイナミックに展開できるかです。以前は丸いハンコのようなシンボルを作ってそれをゴム印を押すように展開していましたが、最近ではシンボルそのものも変化しながら広がりをもった流動的で、柔軟なものになってきました。形状に対応しながら幅広いイメージに対応するためです。

　あるいはシンボルそのものは変化させず、付加のエレメントを使って変化させる方法もとられます。したがって変化の幅が広いとか、ダイナミックに展開できるとか、これまでにない新たなデザイン照準として強調されるようになってきました。

デザイン照準の優先順位をはっきりさせる

　デザイン照準は、デザインする時と選ぶ時に使われますが、特にデザインを選ぶ際には、デザイン照準の優先順位についてよく話し合うことが大切です。というのは、「イメージ照準」も「機能照準」も、照準自体がお互いに矛盾を抱えているからです。

　優先順位を決めずに話し合うと堂々めぐりする可能性があります。例えば先進性のイメージと信頼性のイメージとは相反する場合が多いものです。先進性のイメージとは「これまでにない新しいもの」で革新的、信頼性のイメージは「どこかで見て親しんだもの」で保守的です。人はどこかで見たことがあるものに安心と親しみを感じる傾向があります。

　「先進性」と「人間性」も相反します。先進性のイメージは、メカニカルでシャープな精度感ですが、人間性は肌のぬくもり、柔らかさ、木の肌、自然という反対イメージです。「話題性」と「耐久性」も両立しにくいのものがあります。話題性というのは

やはり珍しさ、一般受け、革新的であり、耐久性は知性的、高級感で保守的だからです。

デザイン開発のコンセプトシート

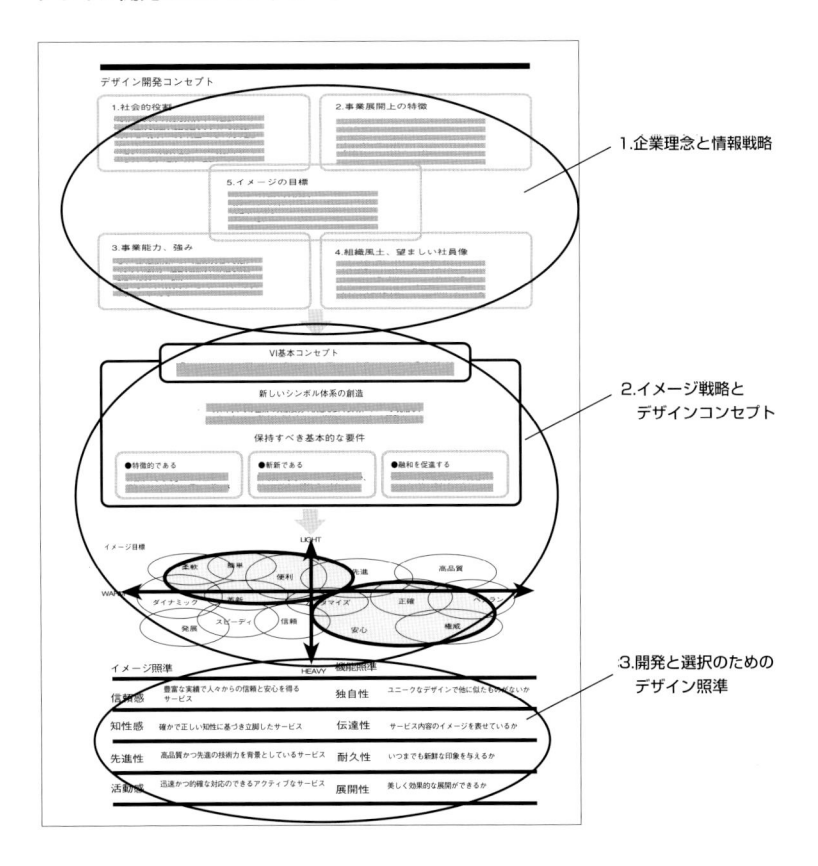

デザイン照準における比較検討のジレンマ

　ではなぜ、相反するイメージを、ある意味では無理とわかっていながら、デザイン照準として掲げるのでしょうか。それは企業が一筋縄ではいかないからです。

　企業の活動は「効率を上げて競争に勝つ、儲る」という利潤追求と、「社会と顧客と社員が豊かに幸せになる」という社内外貢献という矛盾を抱えています。

　最初は「技術の高さを表現するために、シンボルで精度感、先進性を協調しよう」「新たな飛躍のために先進性、新奇性重視の思い切ったデザイン案を採用したい」「時代の変化に柔軟に対応できる柔軟性、活動性がほしい」という意気込みでスタートしても、いざ決めるとなると、「いや顧客との関係を大事にする信頼性と、人間性も大事だ」「浮き沈みの激しい業界でしっかりと足場を築いている安定感と、信頼感も重要ではないのか」ということになります。迷うのは当然です。「一方を立てれば、一方が立たず」ということで悩み、議論百出して踏み切りがつきません。

　「すべての照準を同等に兼ね備えたデザインは難しい」「信頼性を損なうことなく、新たな先進性を表現したデザインは難しい」という意見も出ますが、相反するイメージを均等に盛り込むと、悪くはないが、魅力もない〝事なかれデザイン〟になってしまいます。相反する複数のイメージを、一つの単純な形で表現しなければならない。ブランドシンボルと展開デザインの難しさは実はここにあるのです。

　デザイン照準は、矛盾についてお互いが知り、話しあうためのものなのです。照準に当てはめて「この案は先進性が勝っている」とか「信頼性が勝っている」とか、相対的に比較して、具体的部分で話し合って絞り込んでいきます。そして最終的には割り切ったシンボルを選ぶことが大切です。なぜなら、企業発展過程も矛

盾だらけでも、未来ビジョンは矛盾を克服した姿であり、その未来の姿の象徴がブランドシンボルだからです。

デザイン照準どうしが矛盾を抱えている

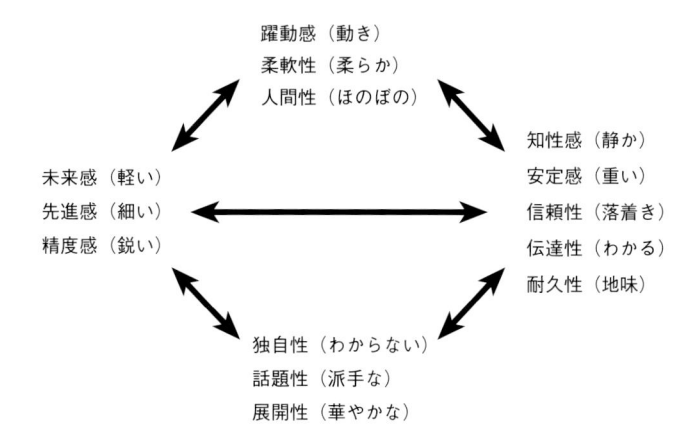

躍動感（動き）
柔軟性（柔らか）
人間性（ほのぼの）

知性感（静か）
安定感（重い）
信頼性（落着き）
伝達性（わかる）
耐久性（地味）

未来感（軽い）
先進感（細い）
精度感（鋭い）

独自性（わからない）
話題性（派手な）
展開性（華やかな）

一般書体の検討

　シンボル開発の準備として欧文と和文の一般書体の収集をします。シンボルで文字商標を開発する場合、特に欧文の一般書体の収集と検討が重要です。

　一般書体は欧米のタイプフェイスデザイナーが開発し、すでに広く一般に使われている書体です。和文と比べれば欧文（アルファベット）は開発する文字数が少ないので、何万という書体の種類があります。その中から文字商標ロゴシンボルのベースとして使えそうなものを20〜40書体ほど選び、予め組んでおきます。そして絞り込みで選び出したロゴシンボルのアイデアに最もフィットする書体を使って描き起こしを行います。

　欧文の文字商標に一般書体を取り入れたものが多いのは、一般書体のもつ完成度、表現力、耐久性を生かした方法だからで

す。日本人デザイナーが自分で作ったアルファベットを大企業のロゴシンボルとして使っている例もありますが、先に述べたような理由で、こうしたことは、なるべくならやめたほうがいいと思います。

　アカデミーオブアート大学で教えていた著名デザイナーのハワード・ヨーク先生がパッケージデザインのクラスで「文字作りはタイポグラファーに任せて自分で作るような無駄をするな」と教えていました。アルファベットの文字商標シンボルの場合、最初からすべて作ろうとせずに、すでにある一般書体をベースにするという、欧米人デザイナーでさえとっている方法をとることです。

　和文書体（日本の文字＝漢字、かな）も明朝、ゴシックなどの一般書体を10書体程度組んでおきます。最近はコンピューターのおかげで和文書体も数多く発表されるようになり、200〜300書体くらいは出ています。

　和文はデザインプレゼンテーションの時の展開実験に、その中から最適のものを選んで使い、その後は社名ロゴタイプ開発時のフィニッシュのベースとして使います。

書体検討

和文

南山大学	南山大学	南山大学	**南山大学**	**南山大学**
南山大学	**南山大学**	南山大学	南山大学	南山大学
南山大学	**南山大学**	南山大学	南山大学	南山大学

英文

NANZAN UNIVERSITY	NANZAN UNIVERSITY	NANZAN UNIVERSITY	NANZAN UNIVERSITY
NANZAN UNIVERSITY	**NANZAN UNIVERSITY**	**NANZAN UNIVERSITY**	**NANZAN UNIVERSITY**
NANZAN UNIVERSITY	NANZAN UNIVERSITY	NANZAN UNIVERSITY	NANZAN UNIVERSITY
NANZAN UNIVERSITY	NANZAN UNIVERSITY	NANZAN UNIVERSITY	**NANZAN UNIVERSITY**

ブランドデザインの準備

アイデア出し（アイディエーション） 9

ブランドはシンボル次第

　いよいよシンボルのデザイン開発に入ります。「ブランドシンボル」と言われるくらいブランドとシンボルの結びつきは大きいものです。シンボルはブランド理念を象徴的にシンボライズしたもの、シンボルがブランドの核という位置づけです。

　しかし、ときどきシンボルに対して次のような白けた意見を耳にします。

　「会社がたまたまうまくいって有名になったから、その会社のシンボルもよいデザインだと言われるようになっただけではないか。シンボルがよかったから一流ブランドになったわけではない。シンボルがよいブランドになる条件とは言いがたい」

　「ニワトリが先か卵が先か」の「ニワトリ（企業活動）が先」に対して、「卵（シンボル）が先」ということは、「栴檀は双葉より芳し」の喩えどおり、「将来よくなる会社は無名のころから企業理念はしっかりしていて、作るものや売るもののサービスの品質にこだわっているはずだ。だから、当然最初からシンボルにもこだわるはずで、たまたま最初はそこまでの余裕がなくても、成長段階でデザインに磨きをかけて立派なシンボルに育てあげるはずだ」とも考えられます。

　ブランディングでは、最初からシンボルにもこだわる「卵が先」という考えで進みます。「こだわりが一流であることの条件である」とよく言われますが、当然、美にもこだわり、結果として、表現センスが磨かれます。したがって、このシンボル作りがブランディングの大きなヤマ場になります。これまで続いてきたブランドプロジェクトも、この段階で達成感を味わったり、不調感をもったりします。

　ブランディングに「成功する」ということは、これまでの"自己認識"とこの後の"自己表現"がスムーズに連動することであ

り、「不調に終わる」ということは、論理と感性の糸がプツンと切れるということです。「今まで考え、話し合ってきたことが、何であんなデザインになるのか」とブランディングチームやトップが感じるようであれば、ブランディングの流れが途切れ、パワーダウンしてしまいます。始末が悪いことに、シンボルは後々目立つ形で残ります。戦略は後でも修正できますが、いったん作られたシンボルは簡単には修正できないので、チーム全員がシンボル作りにエネルギーを傾けます。

シンボルは理屈から飛躍する

これまでのプロセスは論理的に説明できましたが、ここでいったん垂直思考から水平思考へと頭が切り替わります。理念や戦略といった論理の延長上でアイデアが出てくるわけではなく、シンボルデザインにおいては感覚的飛躍が要求されます。この部分は「ブラックボックス」と呼ばれ、デザイナー以外のチーム全員を不安にさせます。

シンボルのアイデアはデザイナー全員で考えます。自分の閃いたアイデアの感激に浸っている暇がないほど、次々に新しいアイデアを出していきます。参加するデザイナー全員が、「できた！」「これだ！」と飛び上がるようなアイデアが出ても、それは忘れて次のアイデアにチャレンジします。

シンボルのアイデアは、理屈を感覚化し、形に変換して、研ぎ澄ます特別な訓練を受けたデザイナーの指の間から、ある時突然、まぐれで飛び出してくるという感じです。最終的に決まったシンボルが「あの時に出たアイデアだ」という記憶も実感もないことがほとんです。

デザイナーの頭は、アイデア用の"ミキサー"になっていて、情報という材料を入れて掻き回しているうちに化学変化を起こし

て、さまざまな雑多なアイデアの中からユニークなアイデアが出てきます。そのアイデアをもうひと絞りして発酵された1滴が最終決定シンボルのイメージです。

シンボルに企業理念を込める

「会社の未来ビジョンや理念や戦略といった複雑で膨大な情報を、どうやってあの単純な形のシンボルに込めることができるのか？」「本当はただの形で、デザイナーが勝手に意味をこじつけているのではないか？」と思われる方もいるかもしれませんが、表現において芸術性を利用します。

芸術は限られた表現を組み合わせることで、常識を超えたたくさんの事柄を表すことができるからです。きっと人間の奥深い部分、魂に直接訴えるからだと思います。俳人の金子兜太さんは「わが俳句人生」という講演の中で、「五七五の文字の中に宇宙全体を取り込むことができる」という話をされています。

美術評論家は、1枚の抽象画を深読みして、作家自身が気づかない、作家の内面から哲学や思想や宇宙にまで話を広げます。つまり絵を思想に翻訳するわけですが、カンディンスキーなどの現代美術絵画は、視覚的な単語を作ってそれを構文法、縦文法に従ってつないでいくやり方で、哲学や詩を語ります。

視覚的な単語を「視覚言語」と呼び、それ自体が多くの一般情報を内包しています。こうした抽象画家が表した図形を、いちやはく解読能力を備えた評論家が翻訳してみせます。美術評論家は一般の人よりも一時代分先の感性受信力と解読能力を備えた天才だといえます。一般の人々は感覚ではなんとなくそんなものかと思い、何十年後かには人々の能力が追いついて名画として受け入れられます。

ブランドシンボルのデザインは現代抽象芸術に比べ、客観的

で、具体的で、対象と密着し、同時代的ですから、それほど伝達のズレの危険性はありません。その意味を説明すれば、大多数の人に理解される範囲内のものです。

　デザインは現代抽象芸術ほど先走ってはいませんが、図形を組み合わせることで言葉並みに複雑な意味を伝えようとする「視覚言語」は使います。我々現代人は、美術評論家のように翻訳して言語化できなくても、マスメディアによって同一の視覚環境で教育され、視覚情報洪水の中で鍛えられたので、共通の視覚伝達の基礎的能力を共有しています。シンボルは「視覚言語」で感覚的に、人々が備えている範囲での暗黙知、共通感覚、心理学者のユングがいっている普遍的無意識に訴えようとします。

天才レベルの芸術性が求められるシンボル作り

　「りんご」は禁断の果物で「抑えられない魅力」であり「エデンの園を追われるのと引き換えに授けられた人間の知恵」であり、「I LOVE NEW YORKキャンペーン」のシンボルでもあり、コンピューター会社のシンボルでもあります。このように、「りんごがりんご以上の意味を持ちそれが多くの人に伝わる」というのが視覚言語です。

　こうした視覚言語を、複合化されたイメージとしてたくさん持ち、正確に意図的に操作するのがブランドデザイナーです。しかし、視覚言語が何であるかは科学的には説明できません。「説明しろ」と言われたら、デザイナーはするりと芸術家に変身してしまいます。

　デザイナーはふだんの仕事を通じて、理屈でそこまで考えたわけではないが、感動してもらった場面を何度も経験してきました。理屈抜きで形や色やレイアウトの美しさや完成度に感動してもらったのです。デザイナーも「これは結構いける」と思っているの

で、わかってもらえるとうれしいものです。世の中には自分の美意識のために、命を投げ出した人たちもいます。

英語では技術も「アート」といいます。技術も磨かれると芸術になるのです。デザイナーが関与しない橋や飛行機も、機能を突き詰めていけば感動的な美しいデザインになります。芭蕉の「古池や　蛙飛び込む水の音」というたった17文字の俳句から、人々は広がりと奥行きと時間の経過、心象風景まで感じ取ることができます。

つまり、単純な形で多くのものを語らなければいけないシンボル作りは、天才レベルの芸術性を要求される仕事です。しかし、天才は何十万人に1人という確率ですから、我々ブランドデザイナーは天才ではないことを前提に考えるのが妥当です。では凡才がどうやって天才的な仕事を可能にするのかということになります。

凡才が天才レベルに届くには

凡才が天才レベルの仕事するには集団創造しかありません。特別に訓練された多数のデザイナーが、創造性をぶつけて火花を散らし"まぐれ当たり"を狙います。天才で あれば一瞬に到達するレベルまで、苦労して試行錯誤しながらもっていくのです。集団創造は、アメリカのNASA研究所や発明王エジソンのGE研究所のやり方です。エジソンは、「天才とは1％のひらめきと99％の汗である」と言いましたが、この「99％の汗」とは、集団創造の試行錯誤のことを言っています。エジソンのGE研究所は、フィラメントの材料として、京都の八幡村の竹に行き着くまでに、世界中の何万種類もの植物繊維を集めて試してみました。

日本のクライアントは、あまり集団創造になじみがないので、「アイデアは皆でやります。凡才が集まって七転八倒しながら、ま

ぐれのチャンスに期待するのです」と言うと不安をもたれます。「あなた（先生）に頼んだのにアシスタント（弟子）にやらせるのか」という顔をされたこともあります。「シンボルはアーティストが1人で悶々と悩み、その末に魂の奥深いところから出てきた芸術品であるべきだ」「苦労して積み上げてきたプロジェクトなのに、誰かのまぐれに期待するなんてとんでもない」「烏合の衆が何人集まってもよい知恵は浮かばない。よい知恵は優れた人間1人から生まれる」という意識が強いのです。

　本物の天才に出会ったことはあります。1人でアイデアを考え、アシスタントにスケッチを描かせる伝統的な仕事のやり方をします。天才は独自の世界をもっているので突然にその結論に到達します。しかし、1人の世界には限界があるので、形と色はパターン化してしまいます。彼が手がけた10社分の仕事を並べると、彼の世界が浮き彫りになり「あの会社とあの会社のシンボルは○○さんの作品」と言われるようになります。

　「アイデアが出る時は出るが出ないときは何日も出ない」「出ても、自分のデザイン理念をなかなか理解してもらえない」と、天才本人も苦しんでいます。クライアントからすると、いきなり高いレベルに飛んでいってしまうので、ついていけないというケースも出てきます。

　日本の伝統的徒弟制度の中で育った私も、外国で仕事をするまでは、アイデアは1人で出すものとばかり信じていました。

　私は九州で20歳から23歳までの3年間、有名なパッケージデザイナーのアシスタントをしていましたが、アイデアに関する仕事は全くさせてもらえませんでした。いや一度だけ2年目あたりで、長崎のおみやげ菓子のパッケージの中に入れる小さなしおりの内面の色について先生が迷われ、「原田君、何色がいいと思う？」と聞かれたことがあります。慌てながらも、「紫ではどうですか」

と恐る恐る答えたら、「どうして？」と聞かれたので、「"長崎の夜は紫〜"という歌が流行っているでしょう」と言ったら、先生はニヤッと笑って「じゃあそうしよう」と言われました。

　後にも先にも私のアイデアが採用されたのはその時だけでした。先生が考えて私が描くという3年間の仕事の中のほんの一瞬の出来事でした。35年たった今でも、そのやりとりを鮮明に覚えています。

シンボルのアイデア出し（アイディエーション）

　シンボルのアイデア出しは落書きから始めます。コンセプトがどうだ、戦略がどうだと、用意周到に準備された論理的な情報をもらっても、最初から自動的に形に変換できるわけではありません。デザイナーたちもできることなら、理屈から形を割り出したり、解釈でモチーフを決めたいのはやまやまですが、いったん感覚信号に置き換えなければならないので、とにかく指を動かし始めます。

　理屈は、いったん横に置いて自由なインスピレーションで、出来るだけ数多くスケッチを描いていきます。心を解き放ち無我の境地になって自由に指を動かすというと格好いいのですが、とにかく指を動かさなければ、よいアイデアは出ないだろうという気持ちです。

　担当デザイナーはコンセプトや戦略を完全に把握していても、他のデザイナーがスタート時点から無理に情報を一定化する必要はないと思っています。「何という名前の会社か」「どこにある会社か」「何屋さんか」という程度の知識でアイデアを考え始めるデザイナーが中にはいてもいいのです。

結論に至る道筋　天才と凡才の違い

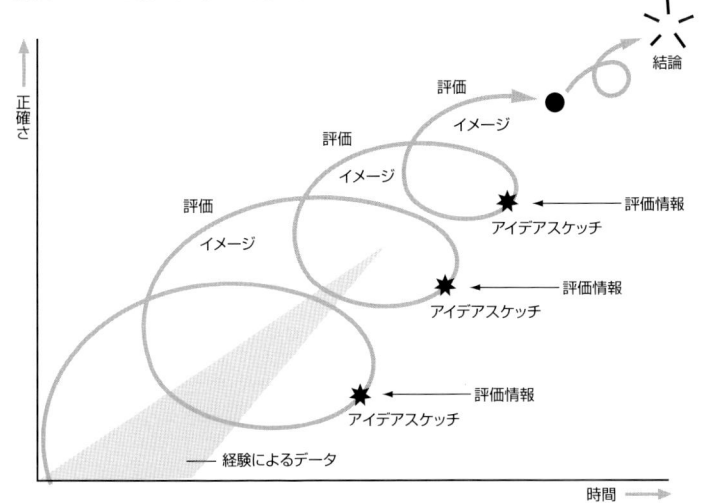

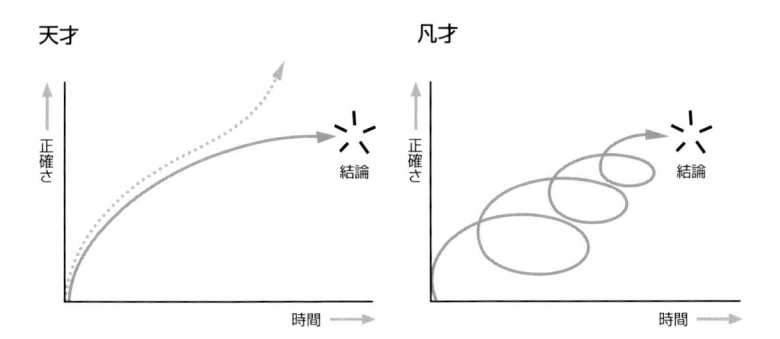

天才

凡才

アイデア出し（アイディエーション）

発想は具象からスタートする

　とはいっても、抽象画家のように訳がわからない世界からスタートするわけにはいかないので、身近で単純な具象から発想のス

タートを切ります。その業種に関連するものであれば、例えば、病院なら十字、メガネ屋さんならメガネや目、不動産屋さんなら家や窓といった、誰でもわかる具体的な対象です。

　しかし、情報産業とか、コンサルタント業、金融業のように、具象物がハッキリ特定しにくい業種は最初から頭を抱えます。最初はとにかく何でもいいから、具象的な手がかりを無理やり探し出して、そこから内面に入っていきます。そして、「発展」「上昇」「広がり」「グローバル」といった抽象的な概念に展開していきます。

とにかくたくさん考える

　よいデザインは、膨大な無駄の中から生まれます。「量は質に転換する」「選ばれて残った案の質は捨てた腹案の量に比例する」という考え方で、とにかく指を動かし続けます。一つのシンボルを作るために描かれるアイデアスケッチは2000以上にもなります。

　「そんなに数を出さなければ、いいものはできないのか？」と思う人もいるかもしれませんが、一つのダイヤモンドを探すためにはたくさんの岩を掘らなければならないのです。一筋縄ではいかない企業を単純なシンボルで表す"手品"をするためにはこのプロセスが必要なのです。

　アイデア出しでは、デザイナーがそれまでの経験で蓄積した頭の中のデータは最初の5分で空になります。そして、だんだんアイデアを出すペースが落ちて、30分もすると迷路に入ってしまい何も出なくなります。下手をすると、A4の紙1枚をアイデアスケッチで埋めるのに半日もかかることもあります。

　特に、飛び上がるようなアイデアが出た後は、どう考えても次のアイデアが出てきません。「このアイデアのために自分が苦しんできた。やっとこの苦しい混沌の状態から解放される」という気

持ちが働くからです。

　私がニューヨークで仕事をしていた時代、これだというアイデアが出た時、そのアイデアの周辺のスケッチを何枚も描こうとしたら、「そのアイデアはわかったから、次のアイデアを考えろ」と上司からハッパをかけられました。1日に一つぐらいは「飛び上がるほどのアイデア」が出るものですが、「さあ、このアイデアのことは忘れて次に行こう」と再び元の混沌状態へ戻る勇気が必要なのです。何が正しい答えか全く見えないアイデアの混沌状態に身を置く不安定感は、何十年経験しても慣れることはありません。

フィンガーストーミング

　「アイデアが出ない」と言って、デザイナーが小説家の先生よろしく、何もしないでブラブラしたり、急に旅に出たりするわけ

アイデア出し（アイディエーション）

にはいきません。そこで、ときどき刺激策を採ります。これは、アレックス・オズボーン博士の「ブレーンストーミング」と川喜多二郎氏の「KJ法」をデザイン用にアレンジしたもので、皆でワイワイとアイデアを交差させ、鉛筆を持った指先をせわしなく動かすことから「フィンガーストーミング」と呼んでいます。

　参加デザイナーがテーブルをぐるっと囲みます。それぞれの前にA4の紙の束を置き、2B以上の柔らかな鉛筆かマーカーを持ちます。進行係を決め、皆にキーワードを一つインプットします。例えば「点」という合図で一斉に「点」で処理したアイデアスケッチを描き始めます。2分たったら「止め」の合図でストップ。次に「線」「面」「伸ばす」と続けていきます。20項目あるので、40分で一回りです。

　基本的なルールは、次の3つです。
・2分間は手を止めてはいけない
・2分間でとにかく紙面を埋めなければならない
・人のスケッチを盗み見るのは構わない

　参加人数は7人前後がベストです。テーブルをぐるっと囲むのは、人のアイデアを逆さまに見たり、斜めから見たりすることが発想のよい刺激になるからです。また、2B以上の柔らかな鉛筆かマーカーを持つのは、線がはみ出したり汚れたりして間違いが起きやすいからです。

　進行係はキーワード指示のほかに、実際その企業に行って見てきた印象、トップの印象や言ったこと、企業ビジョンをシナリオ化したものなど、雑談風にしゃべり続けます。また、作業ペースが落ちて紙面を埋めきれない人を励ますこともあります。

　「点」と言われた2分間は、自分の意思に関係なくとにかくA4の紙を点で埋め続けなければなりません。2分たったら、次のキーワードのために紙を取り替えなければならないので、埋めきれ

ないと空白が目立ちます。なんとか紙を埋めようと、だんだん絵柄が大きくなります。手を止めてじっくり考えるという余裕などないので、半ばやけくそになって堂々巡りの落書きになってしまいます。

このように、一種のパニック状態にするわけです。この状態を20回40分も続けると、終わった時はクタクタで、頭はジーンとしびれた状態になります。

クールアイディエーション

ふだんは皆自分の机の上に紙を置いて、作業の合間にアイデアをします。誰にも干渉されない、安全で平和な時間で考える際にも、フィンガーストーミングでパニックに追い込まれたことが、創造性によい影響を与えます。

クールアイディエーションは、実際のデザインと手作業を一緒に進めたほうが能率が上がります。手作業に飽きたら考え、考えに飽きたら手作業をするといった、手内職的な仕事の進め方です。アイデア出しも、業種が異なる2〜3のプロジェクトを並行してやるほうが、お互いに刺激し合って能率が上がります。

また、前段階のフィンガーストーミングのパニック経験は、ふだんの落ち着いた生活の中でインスピレーション誘発の作用をします。食事をしている時や、電車に乗っている時にひらめいたアイデアを、ナプキンや紙切れに描いて採用されたものがいくつもあります。例えば、以前私が手がけた東京サミットのシンボルデザインは、電車で前に座った女性の洋服の柄が引き金になったものです。

なお、フィンガーストーミングはエネルギーが充溢している朝一番にやり、後の時間をクールアイディエーションの手作業に使うのが効果的です。

アイデア出し（アイディエーション）

実はこのパニック→クール→パニック→クールというリズムは、1926年に、ワラスが言った「創造性4段階説」(段階1「準備」、段階2「温め」、段階3「啓発」、段階4「検証」)の、段階2と段階3を人為的に行うものです。この2つの段階の間には、「熟慮」「きっかけ」「閃き」という創造性のステップがあり、さらに「熟慮」と「きっかけ」の間には"白紙化忘却状態"という、"頭の中が空っぽ"という状態があります。天才といわれる人は、これらのステップを無意識のうちにやっているのです。天才の生活や人生が波乱に富んでいるのは、これらの創造性ステップと実生活とのバランスがなかなかうまくとれなくて、アイデアのために自分の生活と身体を犠牲にしてしまうからだと思われます。

フィンガーストーミングとクールアイディエーションの繰り返しは、毎仕事、確実に集団で天才性を発揮するために、定期的に意図的にデザイナーを啓発(閃き)状態にもっていく有効な方法なのです。

アイデア呼び水ソング
鈴鹿サーキット編

1.
何でも、かんでもそろっているよ。
踊る気分だ。僕らの多摩テック、遊園地
緑の中からビュウンとF1レーサー登場!
とっても!とっても!僕らの多摩テック、遊園地
テック、ホテルにレストラン、パック
スヤスヤ、プールにキャンプにチャップ
キャンプ、スケートにアスレチック
パパは研修所ーーー
遊んで、学んで、ヒッシ、バリバリ、感動いっぱい!
僕らの多摩テック、遊園地

2.
みんな、いるいる多摩テック。
びっくりワクワク。セナとプロスト登場!
そうさ鈴鹿は一流のサーキット!
とっても!とっても!鈴鹿はすごいところ!
テック、ホテルにレストラン、パック
スヤスヤ、プールにキャンプにチャップ
キャンプ、スケートにアスレチック
パパは研修所ーーー
遊んで、学んで、ヒッシ、バリバリ、感動いっぱい!
未来の新企業

アイデア呼び水マップ

コンセプトワード
いまを、未来を彩る創造企業

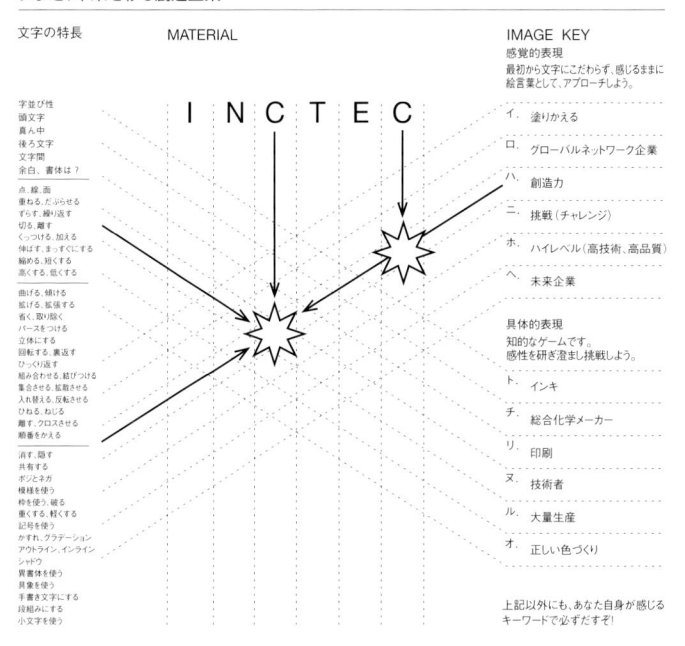

文字の特長

MATERIAL

I N C T E C

字並び性
頭文字
真ん中
後ろ文字
文字間
余白、書体は？

点、線、面
重ねる、だぶらせる
ずらす、繰り返す
切る、離す
くっつける、加える
伸ばす、まっすぐにする
縮める、短くする
高くする、低くする

曲げる、傾ける
拡げる、拡張する
省く、取り除く
パースをつける
立体にする
回転する、裏返す
ひっくり返す
組み合わせる、結びつける
集合させる、拡散させる
入れ替える、反転させる
ひねる、ねじる
離す、クロスさせる
順番を変える

消す、隠す
共有する
ポジとネガ
模様を使う
枠を使う、破る
重くする、軽くする
記号を使う
かすれ、グラデーション
アウトライン、インライン
シャドウ
異書体を使う
具象を使う
手書き文字にする
段組みにする
小文字を使う

IMAGE KEY
感覚的表現
最初から文字にこだわらず、感じるままに
絵言葉として、アプローチしよう。

イ・塗りかえる
ロ・グローバルネットワーク企業
ハ・創造力
ニ・挑戦（チャレンジ）
ホ・ハイレベル（高技術、高品質）
ヘ・未来企業

具体的表現
知的なゲームです。
感性を研ぎ澄まし挑戦しよう。

ト・インキ
チ・総合化学メーカー
リ・印刷
ヌ・技術者
ル・大量生産
オ・正しい色づくり

上記以外にも、あなた自身が感じる
キーワードで必ずだすぞ！

アイデア出し（アイディエーション）

アイデア呼び水リスト

01	点、線、面	13	立体にする	25	模様を使う
02	重ねる、だぶらせる	14	回転する、裏返す	26	枠を使う、破る
03	ずらす、繰り返す	15	ひっくり返す	27	重くする、軽くする
04	切る、離す	16	組み合わせる、結びつける	28	記号を使う
05	くっつける、加える	17	集合させる、拡散させる	29	かすれ、グラデーション
06	伸ばす、まっすぐにする	18	入れ替える、反転する	30	アウトライン、インライン
07	縮める、短くする	19	順番を替える	31	シャドウ
08	高くする、低くする	20	ひねる、ねじる	32	異書体を使う
09	曲げる、傾ける	21	離す、クロスさせる	33	具象を使う
10	拡げる、拡張する	22	消す、隠す	34	手書き文字にする
11	省く、取り除く	23	共有する	35	段組みにする
12	パースをつける	24	ポジとネガ	36	小文字を使う

TOKYOBAY
SHINKIN
TOKYO BAY
SHINKIN
TOKYO
TOKYO BAY SHINKIN
TOKYOBAYSHIN
TOKYO BAY SHINKIN
TOKYO BAY
SHINKIN
TOKYOBAY SHINKIN
TOKYO BAY SHINKIN
TOKYO BAY SHINKI
TOKYO BAY
TOKYOBAY
TOKYOBAY
TOKYO BAY
TOKYO BAY
TOKYOBAY
TOKYO BAY
TOKYO BAY
bay
TOKIO BANK
TOKYO BAY
TOKYO BANK
TOKYO BAY
TOKYO BAY SHINKIN
TOKYO BAY SHINKIN
TOKYOBAY SHINKIN
TOKYO BAY SHINKI
TOKYO BAY SHINKIN

THE TOKYO BAY SHINKIN
TOKYO BAY SHINKIN
TOKYO BAY SHIKIN
TOKYO BAY
THE TOKYO BAY SHINKIN
TOKYO BAY SHINKIN BANK
TOKYOBAY
TOKYO BAY SHINKIN BANK

アメリカにおけるアイデア出しの現場

　私は27歳でアメリカに渡り、アカデミーオブアート大学を出て、ニューヨークのリッピンコット・アンド・マーギュリーズ社に新卒として採用されました。入社したその日からの仕事の大半は、アイデア作業でした。新人もベテランも同じアイデア作業をやります。きれいに描く作業は全部外注でした。「アイデアスケッチをきれいに描く必要はない。次のアイデアを考えろ」と言われました。

　この会社では、出したアイデアが候補3案に3回続けて選ばれないデザイナーは容赦なくクビにされたので、皆必死にアイデア競争をしていました。それぞれが考えたアイデアをひとつの広い壁に貼り、その中から話し合いでよいアイデアを選んでいくやり方でした。ただし選んでいくのは、担当営業とディレクターで、デザイナー自身は何か聞かれたら答えるぐらいで、「これがいい」と発言する権利は与えられていませんでした。

　我々デザイナーの目の前で、担当営業とディレクターが、戦略や理念をいろいろ話しながら、アイデアを選び出していくのですが、ときどき、聞かされていない重要な事情が後で出てきたりました。「そんな重要なことは先に言ってくれよ」と誰もが思い、なかには抗議したデザイナーもいましたが、「アイデアの幅が狭くなるので、わざと言わなかったのだ」と一蹴されました。

　最初にデザイナーのところへ回ってくる戦略ペーパーは1枚にまとめられていましたが、デザインする上で、けっこう重要な事情がもれていました。目隠しをしてスイカ割りをさせられているような、いやな気分を味わったものです。しかしこれは「よいアイデアは、失敗やまぐれのすぐ横にある」ということからすると理にかなったやり方で、いま私は社員に対して同じような目に合せることもあります。

イギリスにおけるアイデア出しの現場

　その後勤めたイギリスのミナーレ・タタースフィールド・アンド・パートナーズ社では、徒弟制度的な雰囲気も残っていましたが、アイデア出しは全員でやりました。アメリカの会社と違っていたのは、選び出しの会議をデザイナーだけでやったことです。会議といっても、各自考えたアイデアを持ち寄って自分のアイデアを披露したり、人のアイデアを発展させたりするブレーンストーミングみたいなものでした。

　一番アイデアを出すのは社長（当時ヨーロッパ中で有名だったイタリア人のマルチェロ・ミナーレ 氏）でしたが、彼が次々に出すアイデアを居並ぶ弟子たちが、首を横にふってボツにしていきます。そして何案目かのアイデアに、全員がクビを縦に振ってそれが採用されました。日本では考えられない面白い光景でした。

　私は言葉のハンディがあったので、あまり説明せずに描いたスケッチを出すだけでしたが、それでも何案か採用してくれました。

　ある日社長のマルチェロが、「面白いアイデアが出た。どうこれ？」と大声で興奮しながら各部屋で仕事をしている皆に自分のスケッチを見せて回っていました。私のところにも見せにきたので「私もこんなことを考えました」とスケッチを見せると、「凝りすぎだ」とコメントを残し、また次の人のところに自分のアイデアスケッチを見せに行ってしまいました。

　ところが、翌朝彼が出社するなり、「昨日の君のアイデアスケッチを貸してくれ」と言って、それをクライアントのところへ持っていき、その案で決めてきました。

　イギリスはアメリカと違って、1案か2案だけを最終推薦案としてクライアントにプレゼンテーションするので、このようなやり方で済んだのです。イギリスで勤めた他の2社も似たようなものでした。

こうした簡単なプレゼンのやり方で済むのは、国民のデザインに対する価値観が確立されているからだと思います。デザイナーだけの会議で「うん、いいアイデアが出た。アイデア会議終了」という案を、そのままクライアントに持っていっても「いいアイデアだ」と感じるようです。

イギリス国民のデザインに対する価値観は、驚き、ウィット、ひねりです。この価値観で、デザイナーとクライアントと消費者がつながっています。それがわかってからは、イギリスの職場で、私のアイデアが採用される率がぐんと上がりました。

集団創造におけるアメリカの平等意識

日本では上下関係がネックとなって、なかなか集団創造が行えない傾向があります。先輩デザイナーのアイデアを後輩が否定すると、「俺の面子をつぶすのか」と言われるからです。

もちろんアメリカ人にも本音と建前があり、上司に遠慮もしますし、お世辞も言います。しかし社長や上司を時としてファーストネームで呼ぶアメリカは、一般の空気として平等意識が強く、論理やアイデアの前には上司も新人も、日本ほどの精神的な垣根はありません。子供時代から「主張せよ。言いたいことを遠慮して言わないのはダメだ」と教えられ訓練され、自分の考えを主張することが美徳とされているので、上司に何を言って逆らっても安全というルールの中で、安心感があります。アイデアをぶつけ合ってよりよいものを作り出す"集団創造の温床"といってよいほどの恵まれた雰囲気です。

アイデアのクレジット

アメリカで仕事をして感じたもう一つ重要なことは、誰のアイデアか？＝クレジットという考えが徹底していることです。

アメリカの会社では、仕事が終わる毎に「今回決定した案のアイデアは誰のアイデアだったか」と上司が皆に宣言する習わしでした。

アカデミー賞授賞式のスピーチを聞いていると、「アシスタントの○○、撮影の○○、衣装の○○……、スタッフ皆さんのおかげです。ありがとう」と、受賞者は必ず言います。もちろん素直に感謝しているということもありますが、こうしたクレジットを公表しないと義務を怠ったとして仲間のひんしゅくを買うという一面もあるのです。また、「あの技術は私が発明したのだから、相応の報酬をもらう権利が私にある」と言って、技術者と会社が争うというケースも多いのですが、アメリカのクレジット概念が技術者の権利を後押ししています。

日本の場合、こうしたクレジット概念が希薄のため、個人のアイデアを上司や会社が横取りしてしまうことがよく起きます。こうしたクレジットの曖昧さは、創造性の発揮には著しくマイナスです。

アイデアを出すという作業はとても苦しいもので、自分のアイデアが横取りされるかもしれないとなると、なかなか力が出ないものです。実際、いくら気をつけてもアイデアを横取りされたと感じる人は続出します。ある時、我社のデザイナーたちに「アイデアのことで悔しい思いをした経験がある人は手を上げてください」と聞いたら、ほとんど全員が手を上げました。私もニューヨークの会社で、「あれは自分のアイデアなのに……」と悔しい思いをした経験があったので皆の気持ちがよくわかりました。

幼稚園の学芸会で、自分の子供が他の子供より10倍かわいく見えるのと同じで、自分の出したアイデアは他人のアイデアより確実に2倍よく見えます。苦労の末生み出したアイデアであり、アイデアが出た時の飛び上がるような喜びと感動を覚えているか

アイデア出し（アイディエーション）

らです。

　アイデアに関しては「自分のアイデアは横において他人のアイデアを尊重しよう」とか、「アイデアの前では先輩も後輩もない、平等である」という理屈は吹っ飛び、感情的になります。それほどアイデアに対するデザイナーの思い入れは強く、反動としての不公平感を皆が抱くものなのです。

"手柄"が明確にされるアイデアクレジット会議

　集団創造でも、すばらしいアイデアは誰か1人のインスピレーションによるものです。その瞬間が一瞬であるために、そのアイデアを皆で実用化に向けて磨きをかけるという複雑なプロセスの中でアイデアの出所が曖昧にされます

　そこで、"手柄"が明確にされるシステムが必要になってきます。手柄の横取りが起きることを食い止め、すばらしいアイデアを考え出した人の苦労が報われるようにしなければなりません。

　我社では仕事の区切りがつくたびに「決定した案は、誰のアイデアだったのか」を皆で調べて話し合います。当然もめることもあるし、怒りだす人も出てきます。そこで、アイデアスケッチを引っ張り出してきて「誰が、何日の何時にその原案を出したか」をチェックします。そのため、各人のスケッチの右すみに名前と日時を書くように決めています。

　クレジットの基本は、「原案優先主義＋時間優先主義」です。どんなに下手なスケッチでも、そこに原案が表れていればその人のクレジットです。先輩もベテランもありません。

　しかし、そうすっきり決まるケースばかりではありません。同じ時間に同じアイデアが出たり、後の人が手を入れて著しくアイデアがよくなることもあります。こうした場合は、「これは2人のアイデアである」＝ダブルクレジットということで2人の手柄にし

ます。

　また、まれに同時間帯に2人の人が同じアイデアを出し、さらに別の人が それを著しくリファインしたというケースもありますが、これはトリプルクレジットです。

　原案主義とはいえ、たまにクレジットが移行することもあります。それほどユニークでない、そのままではほとんど使えなかった原案を、別の人がアイデアを付加し使えるものに再生した場合、その人のクレジットになります。

　いつも事情は複雑で、裁判と違って判例が通用しないことばかりです。原案優先や時間優先といったルールの解釈が、毎回変化し、「著しく改良したとはどういうことを指すのか？」「オリジナリティーと時間の関係は？」といったことが毎回話し合われ、それがデザイナーのアイデア教育になっています。最終的には該当者を外した多数決で、シングルクレジットかダブルクレジットかといったことを決めています。

　たまに、新人の何気ない案がまぐれで採用されることもないわけではありませんが、 やはり、"打率"がよくなるのは経験5年以上のデザイナーです。アイデア出しもいろいろな技が関係していて、その技をたくさん持っているほうが有利ですし、また当然のことですが、四六時中アイデアを考えている人のほうが打率はよくなります。

　以上紹介してきた「アイデアクレジット会議」は、私が日本で考えたことですが、ニューヨークの会社では、各人が自分の部屋かスペースを持っていて、アイデアが浮かぶと片っ端から自分専用の壁に貼っていき、どの時点でどのアイデアを出したか、皆が確認できるようになっていました。

　私も飛び上がるようなアイデアが出たら、防衛のためにことさらに吹聴して回って、皆から一番見える場所に貼っておきまし

た。もし他の人がそのアイデアを面白いと思ったら「このアイデアを自分が発展させていいか」と、仁義を切って外して持って行くといったことも行われていました。

アイデアの段階的絞り込み

　アイデアの絞り込みは、通常、200案、8案、3案、1案の4段階に分けて行います。われわれが「落書き帳」と呼んでいる、玉石混交の2000案ものアイデアのラフスケッチの中から、カットして磨き上げれば光るダイヤモンドの原石を見つけていく作業が、「絞り込み＝スクリーニング」です。

　通常、200案への絞り込み（第1次絞り込み）はデザイナーだけで行い、8案絞り込み（第2次絞り込み）と3案絞り込み（第3次絞り込み）はブランディング作業チームで行い、最終1案絞り込み（第4次絞り込み）はトップにやってもらいます。最近は、8案絞り込みからトップが参加することも多くなってきました。また、時間の制限がある場合は、3案絞り込みまでをデザイナーだけでやって途中段階をはしょることもあります。

　鈍い光を宿した原石を、たくさんのスケッチの中から見つけ出す作業は、緊張と焦りを感じ、会議も重苦しい雰囲気になります。ブランディングの勝負を決するダイヤモンドがグチャグチャの殴り書きの中に果たしてあるのだろうか、いう不安と緊張です。

　これまで無我夢中で出したアイデアに対して意味を与え、評価をし、優劣をつけ、拾い上げるという作業は、前述したワラスの創造第4段階の「検証」に当たります。目が肥えたディレクターかベテランデザイナーでなければ埋もれた宝物を見落としてしまいます。カットして磨くまでは他の鉱石と見かけは変わらないからです。拾い出す際のフィルターは「デザイン照準」ですが、1000も2000も通すわけにはいかないので、最初は一本釣りの感覚で作

業に入ります。
　第1次絞り込み（2000→200）は、よさを見つけて拾い上げる"温かい目モード"で、第2次絞り込み（200→8）はふるい落とすための"難癖けちつけモード"と呼んでいます。第3次絞り込み（8→3）はまた"ほめほめモード"に戻ります。そして、第4次絞り込み（3→1）は"ベタほめモード"です。

第1次絞り込み（2000案→200案）

　2000案から200案に絞る「第1次絞り込み」は、参加デザイナーが全員で選びます。自分のかわいいアイデアも主観で推薦に入れることができます。スケッチを全員で囲んで、「これも、いいんじゃない」「それも入れておいたら」といった調子です。
　全員が印をつけた平均200案を、ハサミで切り取って別の紙に貼ります。時間の余裕があれば、それらをきれいにコンピューターで清書します。清書は総がかりで2～3日はかかります。清書したら意外と面白くなかったという案も多く、逆に形をちょっと変えたらよくなったとか、いろいろなハプニングが出てきます。この渾沌として信念もわかない段階がデザイナーにとって一番辛い「温かい目」がもちにくい段階です。

第2次絞り込み（200案→8案）

　次に、デザイナー以外のブランディング作業チームに入ってもらい、描き起こされた200案からさらに8案に絞り込みます。200案からいきなり8案というのは無茶なようですが、デザイナー主導で、だいたい8案で自然にまとまります。
　企業内のブランディング作業チームは意味付けの視点から、外部作業チームのプランナーやプロデューサーはイメージ戦略的見地から、デザイナーは芸術的、機能的な見地から、それぞれ異な

デザイン開発プロセス

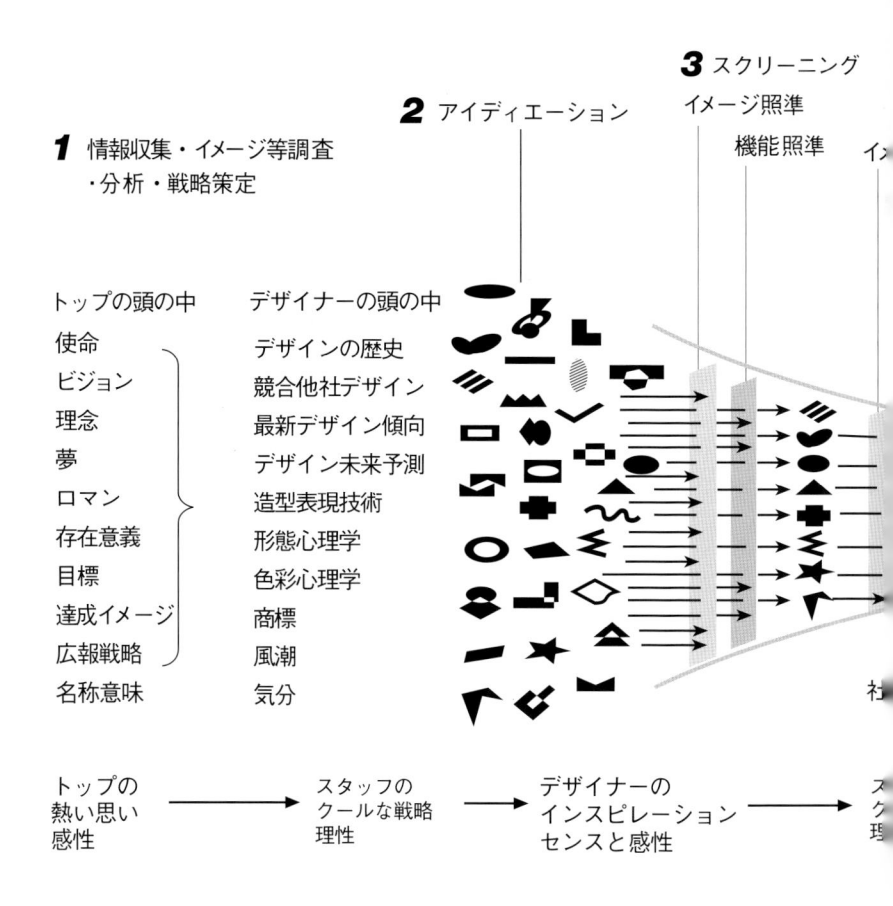

1 情報収集・イメージ等調査
 ・分析・戦略策定

2 アイディエーション

3 スクリーニング
 イメージ照準
 機能照準

トップの頭の中
使命
ビジョン
理念
夢
ロマン
存在意義
目標
達成イメージ
広報戦略
名称意味

デザイナーの頭の中
デザインの歴史
競合他社デザイン
最新デザイン傾向
デザイン未来予測
造型表現技術
形態心理学
色彩心理学
商標
風潮
気分

トップの
熱い思い
感性
→
スタッフの
クールな戦略
理性
→
デザイナーの
インスピレーション
センスと感性
→

150

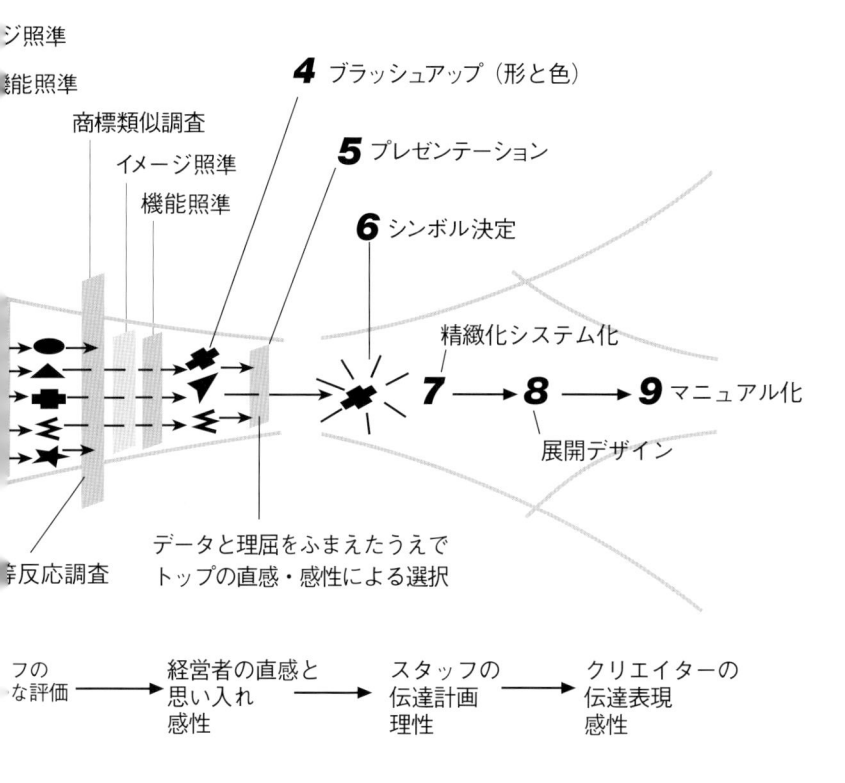

アイデア出し（アイディエーション）

時間 ⟶

ジ照準
能照準
商標類似調査
イメージ照準
機能照準

4 ブラッシュアップ（形と色）

5 プレゼンテーション

6 シンボル決定

精緻化システム化

7 ⟶ **8** ⟶ **9** マニュアル化

展開デザイン

データと理屈をふまえたうえで
トップの直感・感性による選択

反応調査

フの
な評価 ⟶ 経営者の直感と
思い入れ
感性 ⟶ スタッフの
伝達計画
理性 ⟶ クリエイターの
伝達表現
感性

る視点から見て話し合われます。その場では、理念と目標と戦略から導き出された「デザイン照準」が共通言語として話されます。「先進的なイメージはこっちのほうだ」「だけどシャープすぎて親近性の問題があるのでは？」という具合に、話はいつもデザイン照準に戻ります。

8案は最終決定者のトップも注目されるので、ある程度多様性とバランスのことも考慮に入れます。なお、この時点では、図形シンボルか文字シンボルか、具象的なデザインのシンボルか抽象的なシンボルか、革新的なデザインのシンボルか保守的なデザインのシンボルか、といったことがまだはっきりと絞れていない場合は、両方の案を入れておきます。

ようやくこの段階になると、デザイナーの信念も芽ばえてきて、腹の中では推薦案が固まりつつあり、気持ちも楽になります。

我々は、「8案レベル」と呼ぶ一定のグレード基準をもっています。多くの場合、「今回は8案レベルが6しかないからもう一度アイデアを詰めよう」と集まってアイデアを考えます。もう一度2000案を調べ直したり、書き起こす際に、つまらなくしてしまったのではないか、といったこともチェックします。

実はこの段階は、最終案まで残る優れたアイデアが生み出される"ゴールドラッシュ"です。せっぱつまった状況がインスピレーションを刺激し、アイデアを膨らませたりするのだと思います。「正解はちょっと離れた横に隠れている」という事実がここでも当てはまります。

第3次絞り込み（8案→3案）

先に述べたように、この段階は"ほめほめモード"ですから、「絞り込み」というよりも、「最終推薦案3案を選び出す」というイメージです。この段階でデザイナーの推薦が固まってきて、一

絞込み8案

1

2

3

4

5

6

7

8

アイデア出し（アイディエーション）

気にプレシャーが少なくなってきます。

　この段階まではデザイナーに主導権を与えてもらうようお願いします。次の最終絞り込みはトップに100パーセント委ねるので、この段階がデザイナーが強く推薦できる最終段階だからです。

　2000案の中から激戦を勝ち抜いてきた8案は、相当高いレベルのデザインといっていいでしょう。しかし「8案どれが選ばれても大丈夫」というレベルではありません。この時点でデザイナーの心の中で序列がつき始めていて、序列の7,8番目あたりは、あまりお勧めしたくない案です。5,6番目は、「クライアントが、どうしてもこれがいいと言えばいいかな」というレベルです。

　このデザイナーがつけた序列は、企業内のチームの人と反対になることが多いのでやっかいです。8案から3案を選ぶこの会議で、企業内のチームに主導権を握られると、デザイナーの推薦案の順位をくり上げるのに説得のエネルギーを使い果たし、くたくたになります。

　また最終的に、デザイナーたちが最初にイメージした序列と逆に並ぶ結果になった場合、無理強いされた印象が残ります。デザイナーのほうも100パーセントひっくり返すわけにはいかないので20パーセントくらい妥協してしまいます。こうしたことを回避するために、事前に「絞り込みの主導権はデザイナーに与えてください」とお願いしておくのです。デザイナーとしては、「これならどれが選ばれても品質を保証できる」という最終3案を手渡したいのです。

　このプロセスに臨むデザイナーにとって、心の中は嵐です。会議は企業の事務局と外部コンサルタントのプロデューサーとデザインディレクターが、デザイナーの前で話し合って進めていきますが、選に漏れると「なぜ自分のアイデアが選ばれずに、他のアイデアなのか？」と心の中で叫んでいます。それだけ、自分のア

イデアは可愛いのです。私もニューヨークのデザイン会社で、その"嵐"を何度も体験しました。毎回6〜7人のデザイナーがアイデア競争をしていましたが、自分のアイデアが無視されて人のアイデアが採用されると、「おかしい、あいつ裏で汚い手を使ったのではないか」と思ったものです。前にも述べましたが、自分のアイデアが最終候補3案に入らないことが3回以上続くと、クビになるしきたりだったので、アイデアが採用されるされないは、プライド以上に切実な問題でもあったのです。

しかしその案に決定した後1,2か月後、デザインの展開作業を手伝いながら「冷静にみると、やっぱりこのアイデアでよかったなあ」と思えたものです。

絞り込んだ8案に「通信簿」をつける

8案に絞り込まれた段階で、デザイン照準を元に「通信簿」をつけてみます。評価はデザイナーの経験則による主観に基づきます。主観とはいっても、デザイナーの判断は一般の人よりも客観性と妥当性があります。

形とイメージの結びつきは造形心理学、色とイメージの関連性は色彩心理学など、科学的に判断するデーターベースがないわけではありません。しかしそれは例えば、「三角形からは安定感を感じ、逆三角形からは不安定感を感じる」といった、単純な部品のデータにすぎず、シンボルのようにさまざまな要素が組み合わされた複雑な形はプロの判断が必要です。

また、人々の感覚のデーターベースも毎日、テレビや雑誌で書き換えられており、それも計算に入れなければいけません。その感覚の変化を敏感に感じ取り、先回りして対応していくデザイナーの判断は妥当性が高いといってよいでしょう。

さらに、デザイナーはデザインの歴史を見てきているので、流

評価基準による8案の評価

		イメージ目標				機能目標			
		躍動感	未来感	親近感	信頼感	独自性	伝達性	印象性	耐久性
1		5	4	3	4	5	5	3	5
2		3	5	4	5	5	4	4	4
3		3	4	5	5	3	4	5	4
4		5	3	4	4	3	4	5	3
5		4	3	4	4	4	4	3	4
6		4	5	3	4	3	5	4	3
7		3	3	5	4	4	3	3	4
8		3	3	4	4	3	3	4	3

行による斬新性に誤魔化されない目をもっています。

　例えば、私が学生のころ先輩たちがやっていたスタイルを、今の若いデザイナーがやっています。自分が以前夢中になったスタイルがすたれ、また別のスタイルが脚光を浴びる経験を経ているので、流行を乗り越えていくだけの目が備わっているのです。

　例えば、評価基準を「先進性」と細切りにすると、デザイナーもそうでない人も意見が一致します。つまり、「この案よりもこちらの案のほうが先進性がある」というのは共通の感覚として同意が得られるということです。これは、最終プレゼンテーションの格好の予行練習になります。

　「好き嫌いで選ぶ」とよく言いますが、それぞれの人が自分のデザインに対する選択基準があって、ある人が「これがよいデザインだ」と言う時は、「これは先進性があるからよいデザインだ」ということだし、別に人は「これは人間性があるからよいデザインだ」と言っていることが多いのです。

　説明に慣れてないと「何となくこちらのほうが好き」と議論は止まってしまいます。この「通信簿」があると、デザインを前にして「先進性とは企業のどの部分を言っているか？」「なぜ人間性を重視するのか？」といった話し合いが生まれます。

第3次絞り込み前の事前調査

　最終候補3案を決める前に、念のために、他に似たデザインのシンボルがないか、社内に法務部がなければ弁理士に依頼して事前商標調査を行います。「これがいい」とトップが気に入った後で「他に似たものがあって使えません」では済まされないからです。デザイナーは、自分が発想して生み出したものですから、オリジナルと信じているのですが、単純な形であればあるほど、他に似たものがある可能性はあります。最近では知的財産権に対す

る意識が高まっているので商標のトラブルが増えました。全国津々浦々に影響を及ぼす大企業は特に気をつけたほうがよいでしょう。

　企業が今どんな商品を扱っているのか、これからどういう商品を扱うのか、どんなフォーラムに手を拡げるのか、ということで、調べる範囲も変わります。何類を調べるか、それはその企業の業種の拡がりによります。将来業種が拡がることがある場合、その業種も押さえる必要があるので、大手は3〜4類に及びます。

　調査の結果、似たものがなければ○。あれば×ですが、実際には、はっきり言い切れないが問題ありとみなされた△印が付いて戻ってくることもあります。なかには、なんでもかんでも×にしてしまう法務部の担当者や、商標に自信がない弁理士がいます。特に企業の顧問弁理士はトラブルを起こして信用をなくしたくないという心理が働いて、見方が厳しくなりがちです。

　類似を審査するのは特許庁の審査官つまり人間です。審査基準はありますが、弁理士個人の解釈で受け取り方が変わりますので、弁理士の判断にしても△が多くなるのは仕方がない面があります。

　×にしても△にしても、「このデザインにひっかかる」という実物が添付されてきます。クライアントがよほど気に入っているという場合は「ここをこう変えれば、類似にならない」という弁理士と話し合って、変形して提案することもあります。しかし、問題ありと見なされたものはこの段階で取り下げ、他からベスト3案を選びます。8案を全部調査するのは費用がかさむので、5案を調べてもらえば3案は残ります。

なぜ最終候補を3案に絞るのか

　たまに、最終推薦案が4案になったり5案になったりする

こともありますが、大方が3案です。2案ということはほとんどありません。3案方式は日本だけではなく、アメリカでも採用されています。では、なぜ3案なのでしょうか。それは、3案が「選び出す」最小数字だからです。2案だと、さあどっちにするんだ、と「選択する」ことを迫られます。

　この、「選び出す」と「選択する」の違いは大きいのです。「選び出す」は創造の一部分ですが、「選択」は、創造というお膳立てては終わっています。選択のプレッシャーを感じこそすれ、創造活動に参加する実感は得られないでしょう。

　また、2案だと無理に選ばされたという印象があります。3案だと「俺が考えさせて、俺がチョイスした」という充足感が得られるのです。逆に、選択範囲が広ければいいかというと、例えば4案や5案では要素が増えすぎて集中力が散漫になってしまいます。物質を構成する原子核が「中性子、陽子、中間子」、ものの基本となる素粒子が「軽粒子、中粒子、重粒子」、人間の論理の基本的な仕組みが「AND、OR、NOT」、乗り物の基本機能が「走る、曲がる、止まる」、人の一生が「生まれる、生きる、死ぬ」というぐあいに、物事の基本になっていることからも、「3」という数字は人間の思考に合っているようです。

最終候補案の意味が重要

　最終候補の3案は、理念とシンボルの意味付けの連動が重要です。そのため、8案から3案への絞り込みは"意味の競争"になってきます。3案レベルに昇格するには、その形に深い意味がどれだけ付けられるか、また付けられた意味が、これまでプロジェクトの中で話し合われてきた理念やビジョンや戦略にどのくらいの接点があるのかどうかがポイントになってきます。

　最終決定したシンボルは、「このシンボルはこういう意味があ

って、会社の理念とビジョンをこのように示唆している」と説明できなければなりません。多くのシンボルは抽象表現ですから、意味を聞いた人が「ああそうか」とすぐには納得できないにしても、「ふーん、そんなものか」と、こじつけでない程度に受け取ってもらえる必要があります。

　しかし、主要メンバー全員には「そうだ、そのとおりだ」という納得を得られなければ、3案レベルデザインの資格はありません。

　意味付けに関しては、デザイナーが一番思い入れと情報をもっているので、3案それぞれについて「何をモチーフにして、何を表現したデザインなのか」をはっきりと文章化します。

　書かれた内容はこじつけではなく、最終的にはまずチームの全員に、次に社員に、次に取引先に、最後に顧客全員に到達するものです。チームメンバーの中にも1回目の会議中はわからなくて、2回目の会議でわかったという人もいます。説明を聞いた時は全く頭に入ってこないのに、自分で発見すると、その意味がストンと自分に入って、シンボルと理念が一致する時があるのです。そういう場合の感激は大きいようで、自分のビジョンと同じ意味付けだと確実にその案の擁護者になります。

　選び出しとプレゼンテーションに参加しない一般社員はもっと時間がかかるかもしれませんが、意味付けに気が付く仕掛けはちゃんとしているので、必ず伝わる瞬間があるという信念が、デザイナーにはあるのです。

最終3案

A

The United Flag

グループ企業の固い結束と、3つのコア事業を束ねる求心力を表す「連合旗」をシンボリックにデザインしています。1点に集中する3本の光は、各事業毎にNo.1を目指し、ひとつのビジョンに向かって力強く邁進する、未来への飛躍を象徴しています。三角形の土台となっている大きなカーブは、地球をイメージし、グローバルな活動と環境への配慮を強調しています。
さまざまなアイテム（名刺やサイン等）の右上にこのシンボルマークを配し、統一感・存在感・独自性をアピールできるのがこのシンボルの大きな特徴です。

B

The Following Winds

海、空、太陽、大地の4つの自然モチーフにより構成された、時代の新たな風をつくりだす「扇」のデザインです。しっかりとした要から末広がりの形に拡がる扇は、伝統と信頼の基盤を礎に、常に新しい価値を創造・提案し、未来へ大きく発展していく姿を象徴しています。大きな弧は、地球を表すとともに、グローバルな活躍と関与するすべての人々の活発なコミュニケーションの輪をイメージしています。
3社のシンボルを集約した求心力の高いシンボルマークで、各社それぞれの強みや個性を発揮・尊重しつつも、グループ全体としてのシナジー効果を表す総合的なイメージを創出しています。

C

The Dynamic Linkage

地球を駆ける3本のダイナミックなラインは、御社をとりまく生活者・取引先（顧客）・株主を表すとともに、3つのコア事業それぞれがワールドワイドに展開・発展していく姿を表出しています。世界へ、そして未来へ向かってその光の強さを増す3事業のグローバルなリンクにより、グループ一体となって力づよく活動している姿も象徴しています。地球のやさしいフォルムと、しなやかな3本の光の融合により、スピード感、先進性、大いなる可能性のイメージを感じさせます。
アイテム（名刺や便箋等）へは帯を活用した展開をすることで、統一的なシステム感およびインパクトを伝えることのできるデザインです。

アイデア出し（アイディエーション）

デザインプレゼンテーション　10

トップを交えたプレゼンテーション

　シンボルデザインのプレゼンテーションは、トップを交えた大イベントであり、ブランディングのヤマ場です。多くの参加者にとっては、ブラックボックスが開かれるワクワクドキドキの瞬間でしょう。

　プレゼンテーションの目的は次の3つです。
　1.これまでのデザイン開発の経過説明
　2.新しいシンボルデザイン案の説明
　3.最終決定の促し

　プレゼンテーションの適正時間は1時間半で、上記の1と2が前半の30分で、3が後半の1時間です。前半は、開発者であるデザイナーから最終決定者であるトップとスタッフに対して、一通り経過説明と提案を行います。

　多くの場合、トップにも、事前の根回し段階でシンボル案を見せていますが、白黒コピーやシンボル単体でしかありません。最初部屋に入って来た時、壁に貼られたさまざまな途中経過を見て「こんなに考えたのか」と驚かれます。トップにとっては今まであまり経験したことがないプレゼンテーションで、なじみがない基準で、しかも重大な決定をしなければならないプレッシャーがあります。

　専門用語でデザイナーのペースに乗せられてしまうのではないかという不安のまま席に着かれるトップ、あるいは「どれ、見てやろう」と、期待感で最初から積極的に見て回るトップと、反応はさまざまです。

　プレゼンテーションの雰囲気は、トップのキャラクターや会社の規模によって大きく異なります。プレゼンテーションの準備はデザイナーがしてきたので、前半はデザイナーペースで進められますが、後半の決定に至る詰めの段階は各社の特徴が出てきま

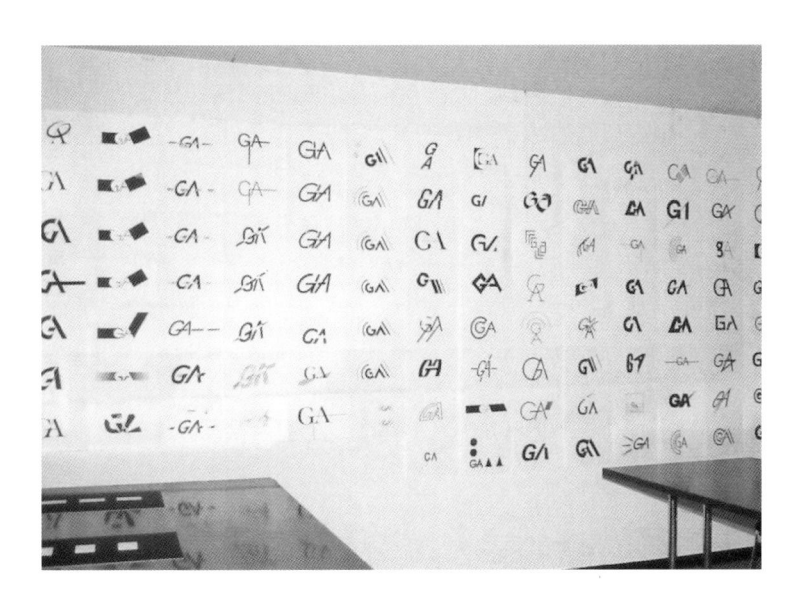

デザインプレゼンテーション

最終3案プレゼンテーション

A案

B案

NIPPON MILKCOMMUNITY

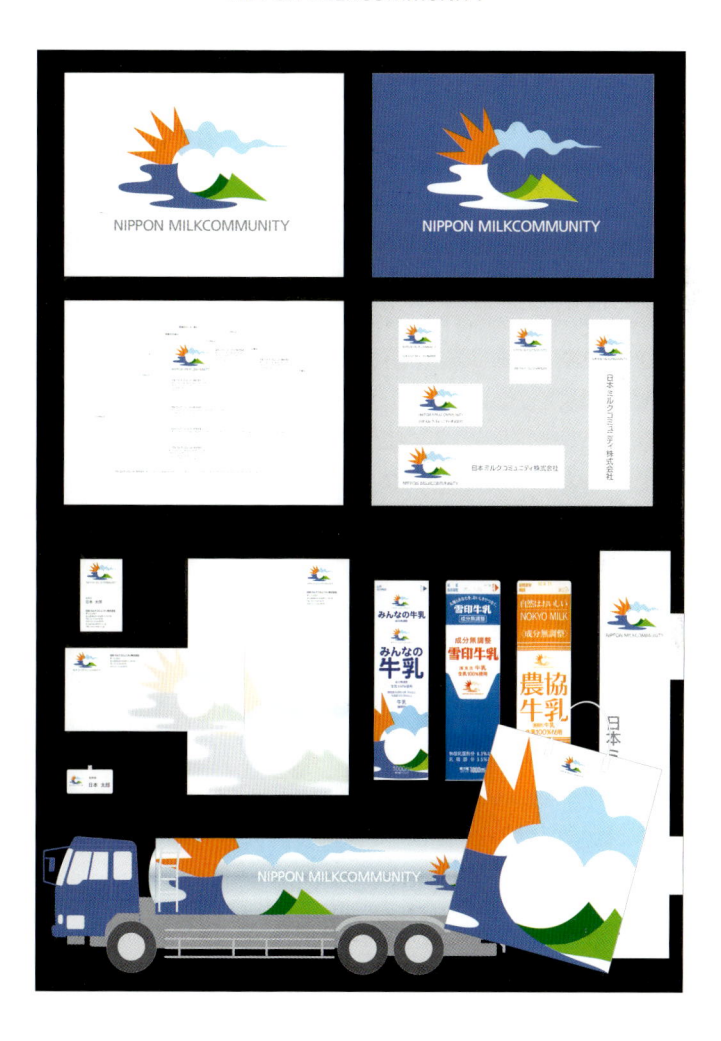

デザインプレゼンテーション

167

C案

NIPPON
MILKCOMMUNITY

す。極めて個人的で感覚訴求のデザインを公の場で語り合うトップと社員のやりとりを聞いていると、その会社の普段の決定プロセスやスタイルを垣間見ることができます。

なごやかな雰囲気を演出する

　シンボルデザインのプレゼンテーションは、皆が自由に歩き回って立ち話ができる、展覧会オープニングパーティスタイルが理想的です。しかし、歴史がある大きな会社ほど旧来の会議のスタイルなので、全員がじっと席について黙ってしまう時間が長くなります。

　そこで、デザイナーが一通り説明した後は、「アイデアの書き起こしや、名刺、封筒もありますので、せっかくですから近くでご覧ください」と促し、全員に席を立ってもらいます。最初は遠慮がちですが、そのうち仲間同士で「こんなスケッチがあるよ」「これは、いやだな」など、あちこちで声が上がり、雰囲気がなごやかになってきます。

　このように、皆が個人の見解をたくさんしゃべることで、デザインの正体が見えてきます。この後の「さてどの案に絞ろうか」という段階で、理念や戦略と結びつけて話し合うための前提として、こうした個人的な受止め方を口に出しておいたほうがよいのです。

　デザイナーも聞き耳を立てて、どういう声が出ているか聞いています。雑談的に話の輪に加わることもあり、そこで「なぜ、ここをこうしなかったんだ？」と質問されることもあります。

　プロジェクトチームのメンバーとデザイナーは、この期に及んでは、最終3案のどれが選ばれてもよい、保証するという"ほめほめモード"で終始します。これまでのプロセスのプレゼンテーション、たとえば理念と戦略プレゼンテーションは、「ここに問題

があり課題がある」と証拠と理詰めで終始するので堅苦しい雰囲気ですが、その点、デザインプレゼンテーションは未来解決志向で進み、また、「やっと形が見えてきた」という解放感もあり皆の表情も明るくなります。何よりも「自分の会社がこんなに格好よくなるのか」という期待が膨らむようです。

トップの決断をめぐる危機

　デザインプレゼンテーションは100パーセント理詰めで話が進むわけではないために、一歩間違うと危機が訪れることがあります。デザインは個人的感性が大きく関係するので、特に、個性が強いトップ、あるいは妥協を許さないトップがどう感じるかにかかってきます。トップが「うん」と言わないと、そこでプロジェクトはストップしてしまいます。

　以前九州のデパートの仕事で手こずったことがあります。プレゼンテーション後、半年間ぐらい社長が決めてくれなくて、「シンボルを変えるのはやめようかな」と突然に言い出してスタッフと外部関係者一同、真っ青になりました。

　金融機関の合併のケースのように、期限が決まっていればそれまでに決定が下されますが、期限が決められていない場合は、ズルズルと1年以上もひっぱられて最終的に中止ということも起きます。

　プレゼンテーションの場で、「気に入ったデザインがない。もう一度考え直してきてくれ」とトップに言われたら最悪の事態です。

　「はいわかりました。考え直してきます」と引き下がって、「今度は前よりもよい案を持ってきました。お気に召すでしょうか？」と新しい案を持ち出したら、トップは「前のよりもいいものを持ってきたということは、前は煮詰めていないデザインを『これがベストです』と言って持ってきたのか。だったらもう一度考えさ

せれば、次はもっとよい案を持ってくるのではないか」という新たな不信感がそこで芽生えます。

「気に入ったデザインがない」と言わせない工夫

シンボルデザインのプレゼンテーションは、トップに「気に入ったデザインがない」の一言を言わせないための工夫で固められています。デザイナーが痛い目にあって編み出した方法です。

先に、プレゼンテーションは展覧会オープニングパーティスタイルが理想的と述べましたが、これも、他の社員が個人的な感想について話している姿を見て、社長に「皆それぞれ、いろいろな受け取り方をするんだなあ」と、実感してもらいたいからです。

展覧会のように壁にこれまでの経過を一堂に展示するのも、「最終3案がデザイナーの推薦ですが、一挙にここに到達したのではありません。論理思考と感性の飛躍とを繰り返して試行錯誤しながらここまできました。3案ともインスピレーションの飛躍があり、意味がこうで、それぞれの相対比較のメリットはこうです」といった内容を、目で見て感じてもらいたいからです。

トップと一緒に階段を登る経過説明

長期間デザイナーは、感覚的に先走っているともいえます。さんざんデザインをこねくり回してきた、"未来の目"から見たら正しく高いレベルに到達しているのだともいえます。デザイン決定の瞬間には、トップにもデザイナーと同じように先走ってもらう必要があります。そのためには、デザイナーがたどった創造活動を、追体験してもらうしかありません。高いところから話しても通じないので、デザイナーは階段の下まで降りてきて、自分たちが一歩一歩登った道のりを説明しながら、もう一度トップと一緒に階段を登ります。その際は、専門用語を一切使わないで、でき

プレゼンテーションの準備はトップがジャンプをするためのジャンプ台作り

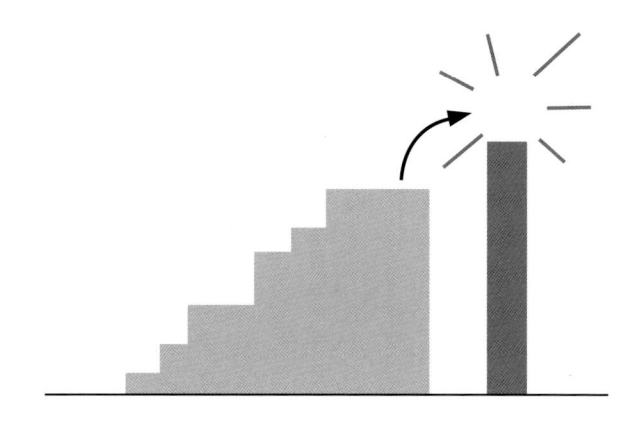

る限り論理的に説明します。

　こうしたプロセスを踏むことによって、デザイナーが感覚だけで仕事を進めてきたのではないことを理解してもらえ、「デザインにも説明可能な部分があるのか」という認識ももってもらえます。トップにこうした認識が芽生えると、「気に入ったデザインがない」という荒っぽい意見は影を潜め、「ここの部分が気に入らないから修正して見せてくれ」という要求に変化します。

　何か月も仕事をしてきたデザイナーからすれば、理念、戦略、アイデア、絞り込み、の3案作りに至るまでの過程を、1時間半でいっきに階段を駆け上がってもらう感覚です。

デザイン決定におけるデザイナーの立場

　よほど決定の期限が切羽詰まっていない限り、プレゼンテーシ

ョンの場で最終決定とはなりません。

「何十年と使っていかれるシンボルですから、第一印象ではなく、第三印象で決めてください。後でもう一度じっくりご覧になって、明日の朝またご覧になって、1週間で決めてください」と、プレゼンテーションの最初に言っておきます。

それでも、プレゼンテーションも最後に近づいてくると、最終決定者であるトップの表情が険しくなってきます。立場上、決定慣れしたトップも、いつもとは様子が違う決定だからです。まして、最終案は、現状からは翔んだデザインですから、「私がこれまでイメージしていたものではない」「今まで話してきた未来ビジョンがどうしてこの形に？」と、1時間半後でも違和感を感じるのは当然です。

デザイナーはなにしろ先走っていて、口にこそ出しませんが、内心一番翔んだデザインを採用してもらいたいと願っています。最終3案には、「ぶっ飛び案（A案）」「ちょい飛び案（B案）」「3案の中でも保守的な案（C案）」を用意します。デザイナーはあからさまに「ぶっ飛び案（A案）」を押し付ける言い方はしませんが、話しているうちに「あれがデザイナーの推薦かな？」と気が付かれる人もいます。

「ところで、デザイナーが推薦する案はどれですか？」と全員の前で公式に聞いてくれるのは5回に1回で、担当者がデザイナーのそばに寄ってきて推薦案をこっそり聞く会社が半分です。デザイナーの側から言わないというのがこの世界のルールになっているようで、私も原則として、聞かれない限り、「3案の中でこれが推薦だ」と言わないようにしています。

デザイナーからすれば、トップがA案を選べば成功、という別の基準を内心もっています。ぶっ飛び案（A案）は、論理の先が切れている延長上にあって、霞がかかった未来に向けて感覚的に

とぶイメージです。それまでの、トップとデザイナーのやり取りで信頼感が生まれていて、「なんだか洗脳されたみたいだけど、このデザイナーが言っているんだから、そうかもしれないな」とトップに思われなければ、選ばれないのがこのA案です。

多数決の弊害

　「ふだん多数決でものごとが決まってきている会社で、誰がどうやって最終決定するのか？」と聞かれることがありますが、私は「もちろん、最後はトップの決断でしょう」と答えます。多数決をとると、だいたい得票が割れます。3案等分に票が割れるか、1案が不人気で残りの2案が同数の票かです。

　私は、「一般社員を含めた多数決はお勧めしない」と言っています。なぜなら一般社員は、まだ新理念と未来ビジョンを共有していないので、デザイン決めるのに"過去と現在の目"しか持ち合わせていないからです。それにプレゼンテーションに参加していないので、デザイン開発のプロセスもデザイナーの制作意図も聞いていません。

　ある金融関連会社のトップが、「わかった、自分で決める。しかし、参考のために社員の人気投票をやってみよう」と言ってやってみたところ、私が予言した通り「3案の中でも保守的な案（C案）」が圧倒的多数だったので、「社員の意見は無視できない」と、自分の案を引っ込めた人もいました。「未来よりも今の社員に愛されるシンボルのほうが重要だ」と判断されたのです。

トップの出席は不可欠

　たまに、大企業でトップに直接プレゼンテーションをさせてもらえないことがあります。単にそういう習慣で特例は認められないとか、トップが多忙で時間がないとか、デザイナーの関与なし

に自由に選びたいというトップの要求があったりと、理由はさまざまです。

「私は社長に信頼され、このプロジェクトはすべて任されているので、私のほうから社長によく説明しておきます」と担当者から言われるケースもありますが、スムーズに事が運ぶことは少なく、紆余曲折が待っています。デザインは個人的感性から個人的感性へ直接訴えるものですから、間に人が入るとその面での正確なコミュニケーションは難しくなります。また、デザイナーは何か月にもわたってその仕事に集中してきたので信念もあり、説明にも力が入り、その熱意は説得力を生みます。

プレゼンテーションは単なる説明の場ではなく、熱意を伝える説得の場でもあります。実際に携わったデザイナーだけが言える言葉もあるし、説得できる大事な役割ももっています。またトップからの質問、疑問に対して、その場で的確に答えられ、それが決定への信頼につながります。だから、プレゼンテーションには必ずトップは出席してもらいたいのです。

未来をつかむデザイナー

最終3案は企業の未来に焦点を当てています。だから初めてその案を見た人が「ピンとこない」と言うのは当たり前のことです。

データも技術もあるデザイナーが、多くの人が最初からピンとくるデザインを提案することはたやすいことです。シンボルは現在から未来にわたって使っていくもので、5年後から10年後にかけて徐々にピンとくるものを、思い詰め、先走りして作るのがデザイナーの役割です。

思い詰める、先走りするということは未来を洞察できる目を備えたということです。「預言者でもないのにどうして未来のことがわかるのだ」と思われるでしょう。デザイナーはタイムマシーン

に乗る方法を一つだけ知っています。過去と現在のデータが頭に詰まったデザイナーが、パニック状態になるまでいやというほどアイデア出しに集中することで未来がつかめると信じるのです。もう一つ、デザイナーの飽きっぽい性格、常識を嫌う偏執狂的感覚人間という面も、未来を覗くことに役立っていると思います。

トップの質問に対するデザイナーの態度

　トップはもともと感覚的に優れた人が多く、学習能力が高いので、1時間半もすれば立派なデザイナーに変身します。大きな会社の場合、し烈な競争を勝ち抜いてトップに立つには、数字に強いだけではなく、情緒や芸術性を理解する、柔らかな心も必要なようです。陶芸、書道、盆栽、文学、絵画、音楽といった、芸術趣味の人が多いものです。そのうえ理解が早いときていますから、30代40代の若手の感性を追い越してしまうトップも多くいます。プレゼンテーションが始まる時は「デザインのことはわからないから……」と消極的になったり、逆に「おまえなんかに言いくるめられないぞ」と構えていたトップが、1時間も過ぎたころからデザイナーが戸惑う、ポイントをついた質問を、次から次に投げかけてくることがあります。

　思わぬ質問や指摘が出た時に、デザイナーがうろたえて言い逃れをしてはトップにそれが伝わり、信頼をなくします。わからないことは、はっきり「わかりません」「まだ調べていません」「試していません」と正直に答えます。質問されるようなポイントを事前に調べていないというのはデザイナーの失点ですが、「○日までに調べて（試作して）報告します」と、その場で約束します。

　時には専門家からすれば当然のこと、つまり非常識な質問が出ることもあります。その時は「それはこう」「それはダメ」と頭から決めつける言い方はせず、客観的データを示し、それでも納得

されない顔をされていたら、次回までの宿題にしてもらいます。

　以下の3つの質問や指摘は、だいたいどの会社のプレゼンテーションでも出てきます。

質問・指摘1：「○○社のシンボルに似ていないか？」
　一番多い指摘が「これと似たものをどこかで見た」「○○社のシンボルに似ている」というものです。デザイナーは違うことはわかっていてもすぐには反論しません。デザイナーが知らない外国の企業のシンボルを言われた時は、実物を持ってきてもらいます。実際に2つのシンボルを横に並べて比較してみると、似ていないことがほとんどです。もちろん、どんなシンボルも一部分だけを取り出してみると、どこかのシンボルの一部分に必ず似ています。音楽や美術と同じで100パーセントオリジナルというのはありえません。「創造とは新しい組み合わせのことである」と言われています。名曲も限られた音符の組み合わせだし、歌詞も分解して並べ換えれば他の歌になります。特に演歌には「港」や「別れ」がつきものですが、その中でもヒット曲が生まれるのは、要するに組み立て方に一工夫あるからです。自動車も分解すると同じボルトですが、部品の数や組み立て方で、別の車にもなります。したがってシンボルもある一部分の類似はありえるということになります。

　また、「皆さんが○○のシンボルに似ていると連想されるほど有名な会社のシンボルはチェック済みで、デザイナーの意地もあって予め案から外しています」という説得はけっこう通ります。

質問・指摘2：「こういったアイデアは考えられないか？」
　次に多いのが、参加者がその場の思いつきで「こういったアイ

デアは考えられないか?」と言い出すことです。こうした指摘にデザイナーはうまく対応しなければなりません。そのようにして出てくるアイデアは、たいがい初歩的なもので、陳腐すぎるか他社のシンボルと酷似しているかで早い段階にボツにしています。そこで、すぐにボツになったアイデアスケッチを目を皿のようにして探します。どこかの隅っこにでも、走り書きでもそのアイデアが見つかれば御の字です。

　「そのアイデアはすでに考えましたが、こういう理由でボツにしました」と説明できるからです。その部分をなぞった証拠が出てくれば質問者は満足して、それ以後こちらの言うことを好意的に受け入れてくれます。

　もしアイデアスケッチの中になかった場合、ちょっと厄介になります。経験者としてはこういう判断でやらなかったと、とりあえず答え、次回までにスケッチを用意するという約束をします。質問者がトップだとプレゼンテーションの流れが中断するおそれがあるので、デザイナーも緊張します。その場合、ボツになったスケッチを貼り合わせるとか、紙を持ってきて描いてみせるとか、あらゆる手を使ってとにかく見せます。それでうまくいく場合もありますが、納得してもらえない時もあります。

　ある銀行では1人の重役の思いつきで、プレゼンが持ち越されたことがあります。「わが町には三角の中州がある。綺麗な山と川がある。三角と山と川を組み合わせたデザインをなぜ考えなかったのか?」とその重役がこだわり、「では次回までに検討します」と言ってプレゼンテーションは終わりました。次回のプレゼンまでに三角のデザインをたくさん作って、同時に他社の三角をベースにしたシンボルも持って行きました。そして、「三角の中州は私が育った福岡にもあり、どの地方にも自慢の山と川を持っています。したがってこのデザインはあまりに意味を限定し過ぎま

す」と丁寧に説明しました。このやりとりはトップも見聞きしているので安心して最後の決定が出来たのだと思っています。

質問・指摘3：「A案とB案のよいところを合わせられないか？」
　A案とB案それぞれによいところと弱点があるのなら、両方の案のよいところを足せば、よりよいものができるではないか、というもっともな意見もよく出てきます。しかしこれはできない相談です。デザインの場合、1＋1が2とはならず、むしろ0となるからです。
　A案のよいところは、B案C案に比べてよくないところがあるから個性が映えます。長所と短所の組み合わせが個性を形作っているのです。人も、何でもほどほどにできてソツがない人よりも、欠点はあってもそれをカバーしてあまりある長所、美点をもっている人のほうが、印象が強く人間的に魅力を感じます。
　デザインもそれとよく似たところがあります。落ち着いたデザインは躍動感がないし、躍動感溢れるデザインは逆に知的な感じがしません。だからあれもこれもという全員の要求に応えるデザインというのは、塩を入れすぎてしょっぱくなったので今度は砂糖を入れて甘くしようとするもので、わけのわからない味の料理になってしまいます。
　また、弱点といっても、最終3案の中で比較して弱いということであって、全体的レベルからすれば欠点というほどではありません。2000案の中から勝ち残ってきたのですから、総合的な実力を十分に備えたうえでの比較なのです。

プレ・プレゼンテーションでのハードル
　最近は、内覧会型式で行うスタッフに対してのプレゼンテーションの前に、非公式なプレゼンテーションをすることが多くなっています。その場合は、最終3案に絞り込まず8案レベルのものを

持っていくので「8案プレゼン」と呼んだりします。

　これは、企業内のスタッフを対象にしたプレゼンで、その時期になるとお互いに気心が知れて、遠慮もなくなってきています。

　「どれもいいのがないな」と部屋に入ってくるなり言われた金融関連企業の常務もいました。ドキッとして力が抜けたりしますが、彼の心情を翻訳すると「自分の好きなものがない」「どれも理解を超えている」という一種の戸惑いと不安です。

　私も若いころ広告デザインで、クライアントのこの"恐怖のセリフ"に泣かされてきました。デザインを納品する時、ディレクターが「ピンとこない」と言った瞬間、徹夜仕事がパーになり、また徹夜しなければならなくなりました。だから今でもこの言葉を聞くと反射的にドキリとします。それでも気を取り直して、「そうでしょうね、ブランディングは未来戦略で、見慣れない新しいデザインですからピンとこないでしょうね」「いまピンとくるものは明日には古くなるデザインで、最初からピンとこられてはこちらが困るのです」などと言いながら時間を稼ぎます。

　目の前に自分のこれまでのイメージとは異質なものを突き付けられ、正しい目で決めなければならないというのは精神的負担が大きく、「果たしてこれですべての可能性を検討したのだろうか？」と不安になるのは当然でしょう。

　しかし、プレゼンテーションを受けながらずっと、各案をながめていると、だんだん様子が見えてきて「どうしてもこの8案から選ばなくてはならないのか」という不安も弱まってきます。だから、プレ・プレゼンテーションで「ピンとこない」と言われてもデザイナーはあわてる必要はないのです。

形が先で色は後に検討する

　色というものは、個人の幼児体験、生活体験、生活環境によ

って好き嫌いがはっきりしています。だから色に関しては個人的な主張がぶつかることが多く、話がややこしくなるので後で検討します。

　色だけでも現状のエキスを残したいという意見が出ることもありますが、形も色もいっぺんに変えるほうがもちろん相乗効果は高まります。プレゼンテーションには「この案にはこの色がふさわしいだろう」というものをもってきています。さまざまな色で展開できればよいのですが、色の数は限りなくあるため、すべての色を見てもらうのは不可能です。そこで、いくつか色検討をしたものをA3用紙に用意しています。

　色の場合、その企業独占というわけにはいきませんし、後でいくらでも変えることができます。したがって色は後で戦略的に決めればよいのです。

バッジでシンボルを決めない

　「ブランディングとは、若い女性社員にとってはユニホームの変更、役員にとってはバッジの変更である」と揶揄されるくらい、それぞれの立場で関心は違うし、プレゼンテーションの場では、そこにこだわるものです。

　最初から最後までバッジのことを気にする役員の方がいますが、バッジはどちらかといえば内側に向けての求心的シンボルで、帰属意識や志気を高めるものなのです。バッジは機能的には身につける装飾品に近く、伝達上の影響力は他のアイテム、たとえば広告看板やポスター類に比べたら「点」に等しいのです。

　ブランディングデザインの場合、どちらかといえば外部に向けてのイメージ伝達に主眼を置いていますので、そちらの効果のほうを重視すべきでしょう。企業にとって一番重要で影響力の強い媒体は、サインや広告やパッケージです。したがって、それらの

アイテムに実際に使う時に効果のあるデザインがよいのです。
　デザイナーがバッジや社旗など、企業の「心」に近い部分を軽視しているということではありません。帰属意識はアイデンティティの最も重要なキーワードです。ただ、特に役員の方はバッジや名刺を重視しすぎる傾向があるので、全体のバランスを見ながら戦略的視点で選ぶべきだと思っているのです。

企業合併と上場狙い企業のプレゼンテーション

　生き残りをかけた企業合併のブランディングでは、プレゼンテーションも独特の雰囲気があります。「近々また再編して社名やシンボルが変わるかもしれないから」と社員も"運命論者"になっていて、トップも出てこないケースもあります。デザインは最初から保守的な案以外のものは出させてもらえず、不安定感を反映してか、安定したオーソドックスな丸い塊シンボルに太い文字のロゴタイプのものに決まる傾向があります。先進性や躍動感よりも信頼感、安心感のイメージで、わかりやすくシンプルな形が好まれます。厳しい局面を一丸となって切り抜けようという境地が、ひとつの「塊」になっているシンボルを求めるのでしょう。
　もちろん、前向きの合併企業もあり、そうした会社はだいたい両社のトップが出てきて、おたがい遠慮を示されながらも、しっかり話し合われます。デザインも斬新な"ぶっ飛び案（A案）"が採用される傾向があります。
　上場狙いの企業は、上場する前に企業価値を高めようという攻めのイメージです。気持ちが積極的で活気があります。また確実に発展してきて成長過程にある企業ですから、理念も社員間に浸透していて、リーダーシップもしっかり取られています。結果として、決まるデザインも信頼性よりも勢いのある活動性のイメージのものが好まれる傾向があります。

さまざまな最終決定の瞬間

　デザインについての質問が出尽くし、意見も出そろうと、あとは決定の段階に入ります。大げさにいえば企業ブランドの大素が生まれる"決定的瞬間"です。ほとんどの場合その場で決定を迫らずに、「では、案を置いていきますので、じっくり検討されて結果をお知らせください」と言ってそのまま帰ります。

　もちろん、期限は区切ります。会社の事情によっても差がありますが、1週間が適正な期限だと思います。さらに長くなると、迷って頭の中が二転三転して混乱するだけです。次の日に見て好みが変わって、また次の日に見て元に戻るか、次に移るかして最後にやっと決めるというペース、つまり第三印象ぐらいで決めるのが適当だと思います。時間に余裕があるからといって、プレゼンテーションから1か月後、半年後と決定を伸ばすと、ブランディングのリズムは壊れてしまい、志気も低下します。

　その一方、プレゼンテーションの場で最終決定されるケースもあります。私も、決定の瞬間を何度も目撃しました。ある九州のテレビ局では、プレゼンが終わって「ちょっとこちらでお待ちください」と、別の部屋に通され40分ばかり待たされました。会議室から先ほどまでは静かに黙って話を聞いていた人たちの侃々諤々やっている声が聞こえてきました。そして、「決まりましたので」と呼びに来られ、戻って着席したところ、社長から「A案に決定しました」と言われました。

　日本ではデザインを"芸術作品"と見る傾向があるので、デザイナーつまり作家の前ではいろいろ批判しにくいという遠慮があるようです。したがって、本音の話し合いはデザイナーが帰った後に行われることが多くなります。

　ある東北の銀行の決定も印象に残っています。一通りプレゼンが終わって、「さあ頭取、どの案にするか決めてください」と促す

デザインプレゼンテーション

183

と、何十人といる参加者が、シーンと静まりかえりました。

その中を頭取は、自分の席と最終候補案のパネルを二度往復されました。その間皆は黙っています。二度目に自分の席に戻る時に、窓のところに行ってちょっとの間、外を眺めていました。そこでなにやらニヤッとされて、自分の席に戻って「A案にしましょう」と言われました。

ある伸び盛りの流通チェーングループは、社長と専務の推す案と、若手役員グループの推す案が真っ二つに分かれ、我々の前で討論を始めました。社長は40代。30代の若手役員の誰もが店長経験者で、自信もあって遠慮しません。それぞれが自分の意見を堂々と展開して譲らないのです。驚いたことに社長が折れて、若手役員グループの推す案に決定されました。

「自由にものが言えて、よい会社ですね」と私が社長に言うと、「この際、彼らの推す案を採用したほうが、今後よく働いてくれます。結局私は欲が深いのですよ」とのことでした。

アメリカやイギリスでは即決でした。アメリカでは大企業も若い担当者が2〜3人でデザイン会社に来てその場で決めて帰り、あとでその決定がひっくり返ることはありませんでした。

最終決定の際の注意点

最終3案は、「この中のどれが選ばれても大丈夫だ」という、いわば品質保証付きのものです。各案を比べて相対評価はしていますが、不良品というわけではありません。しかし、どの案にもそれぞれ個性があるので、企業がどの案を選ぶかによって、これからの企業ブランド戦略にそれぞれ違った影響を与えるはずです。

だから最終決定者のトップは、自分が納得するまで検討して判断すべきです。8案から3案に絞り込む時に「通信簿」(評価表)をつけましたが、ここでも参考までに評価表をつけて、お見せし

ます。それぞれの案のもつ個性を、よりはっきりとさせ、皆に共通の認識をもってもらうためです。

　表にしてしまうと大きな差があるように見えてしまいますが、あくまでも3案の中で比較し、無理に差をつけています。ここまで残ってきた案はどれもそれぞれの基準を、水準以上満たしていると考えてよいのです。

　デザインの印象は、その時々の感情に影響されやすい微妙なものです。デザインを決めるにあたって「あの人がAを推すなら自分はBにしよう」などと、個人的な思惑も絡んできます。デザインには正解がありませんから、どちらに決めても「これでよかったのか」という不安感に襲われます。

　また、「デザインを変えた途端に、会社のイメージや知名度が下がって、売り上げが落ちたらどうしよう」「こんなデザインを採用したが、取引先や社員は何と言うだろうか」などと考えてしまいます。そして、自分でよいと思った案を選んでも、他人は無責任にいろいろ言います。個性の部分はそのまま悪口にもなります。「活動的な人」は「おっちょこちょい」と言われますし、「沈着冷静な人」は「暗い」等と言われます。候補案を自分で穴のあくほど見つめて最後は自分の目を信じて、「エイヤッ」と決めればよいと思います。その瞬間から「人がなんと言おうと、コレ！」という信念が自分の中にわいてくるはずです。

最終決定されれば雑音も消える

　いったん自分の中で決めてしまえば、不思議なことにすぐ自分のものになるし、それまでの危惧はいっぺんに晴れます。信念をもった人には、悪口も耳に入ってこないでしょう。「社長はよくあの案を決めてくれた」と社員は喜ぶでしょうし、取引先も祝福してくれるはずです。

私はそういったトップ自身の後日談を、これまで何十と聞いています。ある電気会社の社長が海外拠点の責任者を集めて新理念と新シンボルを発表した際に、ある外国支社の責任者が寄ってきて「社長が前から言っていたことが、このシンボルを見てわかった」と言ったそうです。

　九州のある銀行の頭取は自分で決定したものの、不安がありました。正月のOB会でいつもやかましいことを言う先輩が近づいてきたので、「新しいシンボルのことで、また何か言われる」と覚悟したら、「君、あのシンボルはなかなかいいじゃないか」と言われてホッとしたという話でした。それを聞いた時は「頭取よりも偉い人がいるのだな」という印象でした。

　ある商社の社長は「こんなデザインに決めたら、世間がなんというかな。あなた（私に向かって）責任とってくださいよ」とA案に決める際、冗談交じりで言われました。

　どの企業もそうですが、決定したデザインが社内外に出回ると、別の案を推した人もそのことは忘れて全く違和感を抱かずに自分のものとして大事にします。「やっぱり、あちらの案のほうがよかった」という声が漏れてきたことはありません。

デザインプレゼンテーション

最終デザイン候補3案の評価	イメージクライテリア						機能クライテリア				
	信頼性	革新性	自然・健康	技術力	高品質性	親近感	独自性	話題性	伝達性	展開性	耐久性
A「拡がり、花、太陽、よろこび」 NIPPON MILKCOMMUNITY	●	●	●	●	●		●	●	●	●	●
B「豊かな自然、元気、自然の恵み」 NIPPON MILKCOMMUNITY	·	●	●	●	·	·	●	●	●	·	·
C「コミュニケーション、広がり、温もり」 NIPPON MILKCOMMUNITY	●	·	·	·	·	●	●	·	·	●	●

形と色の精緻化　　11

「美的に磨く」ことと「実用的に磨く」こと

　ブランディングの素であるシンボルが決定したら、形と色の「詰め」の最終仕上げに入ります。これまでのプロセスでは、アイデアの量と質に集中してきましたが、これからは腰を落ち着けて工芸家のように形と色に磨きをかけます。「磨き」には美的に磨くことと実用的に磨くことの2つの面があります。

　「美的に磨く」こととは、長期間にわたって多くの人々の視線に耐えるように形を完全に整えることです。磨いたか磨いていないか、ちょっと見ただけではその差はわかりません。しかし、社員はこれからの長い期間、自社のシンボルを繰り返して見るわけですから、じきに目が肥えてきて、評論家レベルの鑑賞眼を会得します。この先10年で、世の中の感覚も進歩し、それにつれて人々の目も今よりも洗練されます。だんだんアラが見えてくるのではなく、よさがにじみ出てくるようなレベルにまで完成度を高めなければなりません。

精緻化作業の様子

一方、「実用的に磨く」こととは、使い勝手をよくすることです。どんなによいアイデアや美しい形、色も、使い勝手がよくなければ、その力を活かせません。例えば、看板にしたら目立たないとか、小さく表示したらつぶれてしまうとか、色が再現しにくいとか、色数が多くて印刷コストがかかり過ぎるといった実際的な問題もクリアします。さまざまな条件下でベストな状態で使えるようにするのです。

　「精緻化」と呼んでいるこの詰めの作業は、およそ1週間かかり、熟練と集中力を必要とします。この作業は職人の世界に近く、1人で煮詰まってしまいがちなので、早めに人に見せたり、人に委ねてみる、"複眼チェック"を原則としています。

　精緻化作業のチェックポイントは、、以下の4点です。
　1.線の太さの検討
　2.角度の検討
　3.全体と部分の形のバランス検討
　4.再現性の検討

精緻化作業のポイント1：線の太さの検討

　線が太い細いの検討です。文字シンボル場合は特に、線の太さは重要です。実際に「細い」ものから「太い」ものまで何段階も実際にやってみたりもします。工業社会から情報社会への移行の影響が出始めた15年前は、線は細くなる傾向にありました 。太い＝重い＝「重厚長大」といったイメージから、細い＝軽い＝「柔軟、対応性」というイメージへの転換というわけです。

　かといって、あまり線が細すぎると、繊細で弱々しいイメージになり、信頼性が弱くなります。そのため、ここ10年はまた、安定感や力強さ、存在感のイメージが好まれ線は太くなってきています。

基本造形の検討

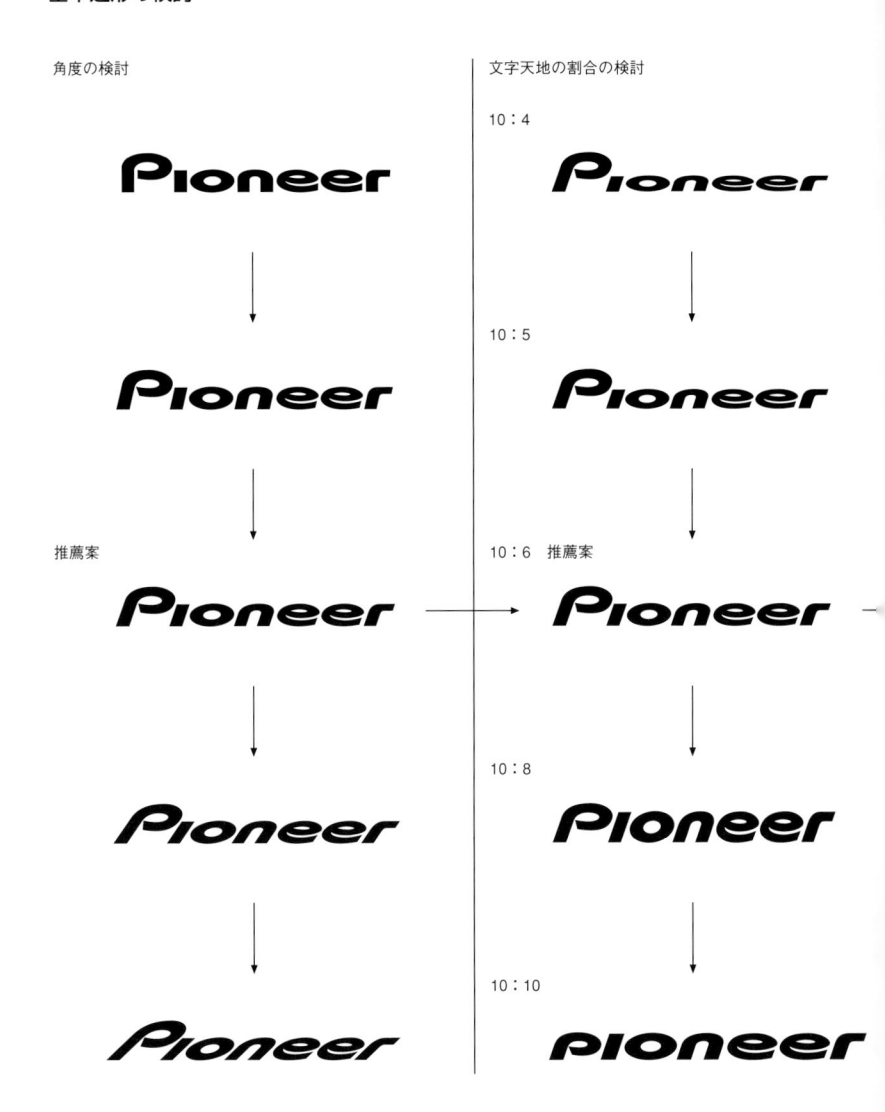

角度の検討

文字天地の割合の検討

10：4

10：5

10：6　推薦案

推薦案

10：8

10：10

太さの検討 文字間の検討

推薦案 推薦案

形と色の精緻化

企業が置かれている社会環境と気分の状態で、線の太い細いが影響を受けます。力強く成長している会社は、安心して細い線を選べるし、合併といった激動期にある会社は、太い安定感を望みます。

　線の太さは後で太くも細くもできますが、12年くらい使うという前提でほどよいところで折り合いをつけます。太い細いは図形シンボルでも検討されますが、使われるサイズによってどういう見え方をするかという見地で検討されます。

精緻化作業のポイント2：角度の検討
　図形シンボルも文字シンボルも、角度をつけるだけでスピード感が出てダイナミックになり、現代的なイメージになります。安定性から、時代を先取りする先取性、対応性へと企業イメージを変化させたければ、単純に斜めにするだけで相当スピード感が出てくるはずです。

　しかし、動きが出る分、安定感はなくなります。また、角度をつけすぎると、文字は読みづらくなります。「今にも倒れそうで自転車操業を思い浮かべる」と、斜めを嫌う企業トップもいます。昨今の激動期は、安定志向をイメージさせる、まっすぐな文字が好まれる傾向があります。

精緻化作業のポイント3：全体と部分の形のバランス検討
　部分の形を磨きながら、全体の形を整えるということは大切です。例えば文字シンボルの場合、長い名前だと、横に広がりすぎるので、なるべく全体が一目で把握できるように、文字を縦長にしたりもします。全体の形を整えたら次は細かい部分の形を調整します。アイデアの特徴を強調したほうが個性とインパクトは強くなりますが、度を超すとスマートさを欠き、知性感を損ないま

す。「過ぎたるは及ばざるがごとし」で、一歩手前で止めるのが耐久性を高めるコツです。

精緻化作業のポイント４：再現性の検討
　大きな看板から小さな名刺やバッジまで、できることなら同じシンボルで対応できれば管理上ベストですが、複雑な形は小さくするとつぶれてしまうことから、アメリカの企業は「何センチ以下はこれを使用しなさい」という小サイズ用シンボルを別に用意しています。
　日本企業の場合は管理が難しいという理由で、これまであまり作られませんでしたが、形の印象に対して完ぺきをめざすようになったことと、社内にブランド管理部門が充実してきたことから、小サイズ用シンボルが作られるようになりました。
　しかし管理マニュアルをしっかり作っておかないと、切り替え時に取り違えのミスが出ます。ある企業で、地方営業所の工場看板に小サイズ用シンボルが間違って使われて腰を抜かしたことがあります。サインだからやり直すわけにもいかず"世界最大のスモールバージョン"のままになっています。

各要素の組み合わせ検討
　シンボルは多くの場合、社名文字やスローガン、あるいは住所などと一緒に表示されます。そこで、もっともよく使われるであろう位置関係や大きさを検討して、基準を作ります。それぞれの要素もしっかりと立たせ、見た目にも全体が美しくなければなりません。だいたい２通りぐらいの組み合わせ方を決めておくと、ほとんどのアイテムに対応できます。もちろん、組み合わせる他のさまざまな要素も精緻化が必要です。

時代の流れで形と色も変化する

　車のデザインが、時代によって丸くなったり角張ったりするように、シンボルのデザイン感覚も時代の雰囲気と連動しています。「重厚長大ではなく軽薄短小だ」と言われて20年がたちます。バブルの時代のデザインは、柔軟で自由で飛び跳ねていました。今見ると浮わついた感じのデザインがたくさん出現しました。

　バブルが弾けて以降のデザインは、ギュッと固まり重くなりました。10年前からデザイン感覚はまた重く塊になってきましたが、30年前に比べると塊の中身は柔軟です。「十年一昔」というように、デザインも10年ごとに、固くなったり柔らかくなったり、飛び跳ねたり落ち着いたり、太くなったり細くなったり、濃くなったり薄くなったりというぐあいに変化しています。

　デザイン感覚全体は50年で1周するようです。40年前学生だった私があこがれた先輩たちの最先端のイメージの形や色使いを、今の若いデザイナーたちが新しいと思って好んで使っています。ファッションなら30年くらいでしょうか。親が若いときに身につけたベルボトムのパンツが子供たちの世代でまた流行ったりしています。しかしデザインは、ぐるっと回って元へ戻ってくるのではなく、回りながらも完成度が上昇していることは間違いありません。

定期点検と感覚修正

　シンボルは広告に比べ、耐久性があるといっても、何年かたつと時代とともに人々の感覚が変化するので、どうしても古いと感じたりします。そこで、シンボルの定期点検が必要になります。そして、時代感覚に合わせて修正します。これを「感覚修正」といいます。

　例えば、形についてはアイデアを変えないで線の太さや角度を

定期的に見直します。実はほとんどのブランド企業はこれを実行していますが、一般の人はその変化に気がつきません。

　ときどきシンボル変更並の大きな修正をすることもあります。ゼロックスは当初Xの下が伸びていたのを途中で下を切ったし、IBMは縞模様にしました。こうした感覚修正は、システム破壊ではありません。システム破壊は現場がルールを守らずに勝手に気まぐれに手を加える行為で、感覚修正はブランディングの流れの中で、区切りの時に、意図的に、全社的に行うものです。世の中がどんなに変化しようと、コンセプトがしっかりしていてアイデアの必然性のあるデザインは、その会社の業種業容やコンセプトや社名が変わらない限り、感覚上の手直しをしながら何十年も使えるのです。

形は12年、色は6年周期で修正

　ではどのくらいの周期で感覚修正をするのでしょうか。私は「形は12年、色は6年」が妥当かなと思っています。

　色が6年と短いのは毎年ころころ変わるファッションの流行色の影響です。流行色はファッション業界を活性化させるために、意図的に作られ、世界の人々もそれを楽しんでいます。「今年の流行色は○○」と有名なデザイナーに言わせるのですが、実はその色は2年前にウィーンで開催されたインターカラー会議で決められているのです。2年前でないと、その色に染めた大量の商品を準備できないからです。こうして、我々は毎年テーマカラーにあおられ、囲まれ、影響されることになります。その変化の速度が色に関するセンスを刺激し回転を速めているのではないかと考えるのです。

　形の鮮度色よりも長持ちして、例えば世界の有名ブランド企業も平均すると12年ぐらいの周期で修正されています。

ブランドシンボルの変遷

1955年　　　1957年　　　　1961年

SONY ロゴの変遷: Sony → SONY → **SONY**

1924年　　　　1926年　　　　1927年

SHISEIDO ロゴの変遷: SHISEIDO → SHISEIDO → SHISEIDO

　　　　　　　　　　　　2001年

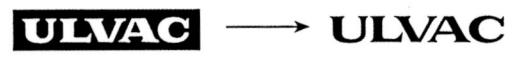

ULVAC ロゴの変遷: ULVAC（日本真空技術株式会社）→ ULVAC（株式会社アルバック）

形と色の精緻化

1962年　　　　1969年　　　　　1973年

→ SONY → SONY → SONY

1950年　　　　　1974年

→ ∫HI∫EIDO → ∫HI∫EIDO

2003年

⏌⏌⏌ ⟶ ///mimatsu

感覚修正は最初からブランディングのプログラムに入れておく必要があります。そのために、デザインマニュアルに、色の見直しは何年何月何日、形の見直しは何年何月何日と入れておくことをおすすめします。そうでもしなければ、このことが話題にはならないからです。
　九州の銀行のブランディングのリーダーが、12年後に頭取に就任され、東京のパーティ会場で感覚修正について直接説得を試みたのですが、実行されませんでした。そうこうしているうちにまた次の12年が、あっと言う間に経ってしまうのです。
　感覚修正は一般の人にはわからないのですから、新たに作るものから徐々に変えていけばいいのです。それほど費用はかからず、デザイン作業費とマニュアルの差し替えページ分の製作費だけです。

マスターアート

　精緻化の最終形が「マスターアート」です。以前は収縮性の低いフィルムや印画紙で2部納品していました。企業はその1部を印刷物の清刷りとして使用し、使用後は金庫に戻して大切に保管しました。最近は電子媒体でデータ納品します。
　問題は、社員も自分のパソコンに取り込んで、ワードやパワーポイントなどで簡単に使えるようになった分、簡単に変形されてしまう危険が高まったことです。変形防止のために、書き換え不能のデータを別に作り、これまでどおりマスターアートの金庫保管は続けるべきでしょう。
　デザイナーはマスターアートの納期ギリギリまで手を入れます。前の晩はこれが最後と思っても、翌朝になると「ここも直したい」という箇所が見つかることもあります。一般の人にはどこを変えたかわからないくらいの微修正ですが、こだわりだしてら止まり

ません。マスターアートを納めた後で、時間の余裕があったので作り直して、前のものを破棄してもらった経験もあります。

色の詰め

いよいよ色の詰めです。これまでのプロセスは、主に形について検討して、色の話を先延ばししてきました。最終プレゼンテーションでも色決めは後回しにすることがほとんどです。しかし色も付いたデザインが示されるので、「なんとなくあのへんの赤だな」という感じは皆がもちます。しかし、プレゼンテーションでは色について深くは触れないようにしています。

心理学の調査では、形を先に見る人と、色を先に見る人は、半々だそうです。プレゼンの途中でも、色を先に見る人は、色のことが気になってしかたがないのです。「形と色がごっちゃになるので、まず形から先に決めましょう」と何度言っても色にこだわる人は、「色も重要ではないか」と、色についてうるさく言われます。

実際、色も形と同じくらいイメージを伝える重要な要素なのですが、色に関しては個人の好みが強いので、色と形が交差して話がややこしくなるし、選択できる色が限られるうえ、その色を独占できない、といったこともあり、形を先にして色は後にするのです。

色は多弁で奥が深い

色の世界は奥が深く、色の専門家や学者が多数おり、建築や工業デザイン開発のプロジェクトには、色の専門家が入ってきます。また最近は、日本でも「カラーリスト」の検定試験が行われています。

色にそれぞれ名称がつけられ、「色言葉」のような意味があり

ます。例えば大日本インキ（DIC）には、「日本の伝統色」「フランスの伝統色」「中国の伝統色」というそれぞれ300ページぐらいの色見本帳があって、そのすべての色に名称や意味、歴史が書かれていて、豊かな色文化の世界を見せてくれます。

「目は口ほどに物を言う」と言われますが、色も同じです。それぞれの色がそれぞれのメッセージを人に与えることは、色彩心理学を持ち出すまでもないでしょう。

例えば「暖色」の代表である赤は、血の色、火や太陽の色という連想から、情熱、活動、愛情、野望を感じさせ、人の感情を興奮させ人を鼓舞する「情熱色」と言われています。さらに「膨張色」「進出色」「注意喚起色」とも言われています。

また青は、空や水、宇宙から見た地球などの連想から、沈着、冷静、知性、未来、希望などを感じさせます。赤の反対の「寒色」の代表で、「収縮色」「後退色」「鎮静色」とも言われています。

緑は、木々の葉っぱや草花や花の連想から、若さ、自然、調和、生命力を感じさせ、「中間色」「安心色」と言われています。

黒は暗やみの連想で、恐怖心から、死、殺人を連想します。黄色は光を、オレンジは温かさを与えます。シンボルの表現力を高めるために、そういった色言葉をフルに利用します。

企業ブランドカラーに使える色

オフィスを引っ越したら、隣の会社のブランドカラーと全く同じ色だった、ということはよくあります。個性を発揮すべき企業ブランドカラーが横並びになってしまうのは、使える色が限られていて、なおかつ独占できないからです。

例えば、私のモニターでは約1670万色を出すことができ、色数は限りなくありますが企業ブランドカラーとして一般に使える色

はそれほどありません。赤と青と緑と、せいぜいオレンジ、水色程度です。他の黄緑、紫、紺など基準色はありますが、好き嫌いが激しい色なので企業のブランドカラーとしてはほとんど使われません。

　日本に200万ある会社のブランドカラーは。「3分の1が青で、3分の1が赤、後の3分の1が緑、オレンジ、水色をはじめとするその他の色」といっても、それほど違わないと思います。

　ということは、自社の競合会社の中で1社くらいは同じブランドカラーの会社があってもおかしくないということです。例えば消費者金融の上位10社のうち、3社は赤をブランドカラーにしています。　実際には、いろいろな赤がありますが、デザイン展開物によって色のズレが出てくるので、その3社は「赤の○○会社」として人々に認知されます。よほど紫か茶色に近い赤とか、ピンクに近い赤にすれば他社の赤と差は出ますが、そういった特殊な赤はブランドカラーでは敬遠されます。

　ブランド競争ではどうしても旗色が鮮明な会社のほうが勢いを感じるので、企業ブランドカラーは三原色の赤、青、緑色が好まれます。例えば、青と緑の中間色は青緑ですが、街中では「あの色は青だったかな、緑だったかな」とあいまいになり、印象と記憶が弱くなります。

色は個人の好みが激しい

　企業ブランドカラーは、最終的にはトップが「これだ」と思った色に決まるようです。色は、食べ物に似て好き嫌いがはっきりしています。育った環境や幼児体験などが関係しているといいます。

　形については、ある程度デザイナーの理屈が通って「それならこの形にしよう」と、柔軟さを示されるトップも、色については、

色検討

形と色の精緻化

205

赤が嫌いであれば「イメージ戦略上、この赤が有利です」「社員の大多数は赤に傾いています」と説明しても、「それなら赤にしよう」とは言われないものです。さすがに口では「俺は赤は嫌いだ」という言い方はしませんが、いろいろな理由を上げて、結局は赤は採用されません。

したがって、色に関しては理屈が通りにくいので、デザイナーは客観的情報だけを与えて、それ以上の説得はしません。

色の好みの年齢差、地域差

ただ、トップの方にも色の好みは年齢差と地域差があることを知っておいてもらいたいと思います。

年齢に応じて色の好みが変化することは誰でも経験していることです。おもちゃの色を見ればわかるように、子供のころは青、赤、緑、黄色といった原色を好みますが、成人すると色の好みが変化します。また、キャラクター商品を見ればわかるように、女の子は淡いピンクやブルーなどのパステルカラーを好みますが、年齢を重ねるにつれ、はっきりした色、シックな色、派手な色、渋色と変化します。

色の感じ方には地域差もあります。色の研究においてさまざまなデータが出されていますが、それは中間色でのデリケートな違いで、はっきりした色が使われる企業ブランドカラーでは好みの地域差はあまり感じません。

北海道の「ほくさん」という会社の仕事をした時に、水色かオレンジか迷われて、社員アンケートを取ったら、全くの同数になり、最終的に水色に決まりました。「私は九州出身ですが、北の人はブルーのような寒色は寒々として嫌だろう。オレンジのような暖色にあこがれるとばかり思っていました」と言ったら、「冬の空を連想する灰色が寒い色で、青色は夏の空をイメージする暖か

い色なんです」と言われました。

ブランドカラーは1色だけ選ぶ

「企業活動は広がっているのに、企業ブランドカラーは1色だけでなければいけないのか。例えば赤と青をもてば、赤の情熱と青の知性の両方のイメージを手に入れることができるではないか」という意見がよく出されます。

例えば、血の赤色の残像を消すために、手術室の壁や、手術着が薄い緑になっているように、2色を同時に見せられると、それぞれの色の残像が別の色の印象を消してしまいます。周りの企業も1色のブランドカラーを決めているなかで、自社のブランドカラーが鮮明に伝わり、人々の意識に残るためには1色でなければ難しいでしょう。旗色は鮮明にすべきです。

しかし、シンボル単体で多色という選択はあります。多色の中に何色が含まれているかはわからなくても、「多色」が色の一つと認知されるからです。ただし、多色はコストがかかるし、また複数の競争相手の中に溶け込み紛れ込んでしまう危険もあります。最近は、サインや印刷のコストダウンの傾向を反映して、多色のブランドカラーが増えてきました。サインは1色と多色の値段の差が以前と比べて少なくなり、名刺、封筒、便箋などの印刷コストも昔は2色は1色の倍かかりましたが、今は1.5倍です。また、名刺も広告とみなし、多色を贅沢とはとらなくなったという意識と感覚の変化もあります。

企業ブランドカラーの決め方

企業ブランドカラーの決め方のポイントは以下の通りです。

1.形の意味やブランドネームとマッチする色を選ぶ

たまに形と色がセットという場合もあります。例えば、形が水を表す場合、色は青か水色等です。また、光を表すという場合は赤かオレンジ等です。光も雨も形にすれば似ているので、光を意図した形で色を青にすると、雨が降っているととられてしまい、デザインは青では成立しません。同様に、形が木や葉っぱを意味する場合、色は黄緑や緑にします。

　また、「グリーン〇〇」というブランドネームであれば、緑しか考えられないというケースもあります。

2.イメージ戦略上補完する、または強調する色を選ぶ
　形がシャープで冷たく感じるときは、それを補う意味で、温かい膨張色にすることもあります。また反対に、シャープな形にクールなブルーを使って、より「先進性」を強調するやり方もあります。

3.競合他社と違う色を選ぶ
　どの企業にも、ライバルや"目の上のたんこぶ"的存在の企業があります。その企業のブランドカラーが赤ならこちらは青か緑です。たとえこちらが先で、相手が後から同じ色にしたとしても別の色にします。また、自分より弱い小さな企業が赤なら、赤を避けるのが"武士の情"です。　強い企業のほうが大量広報作戦で相手にダメージを与えるからです。

4.社員の間で一番人気のある色を選ぶ
　社員はこれまで使っていた色を好む傾向がありますが、社員の色に対するイメージも　大切にしたほうがよいようです。形に関しては社員の意見はあまり参考になりませんが、色は日常生活のファッションやインテリアで鍛えられているためか、社員も良質の

判断情報、基準をもっています。

5.これまでとは変わったという感じの色を選ぶ

「これまで赤だったから、今後は青で行こう」という考え方と、「形を新しく変えるのだから、せめて色だけでも踏襲しよう」という2つの考え方があります。しかし「変わる」ということが、ブランディング導入の大きな動機の場合、色もこれまでとはがらっと変えるほうが当然インパクトは強くなります。

6.再現が難しくない色を選ぶ

印刷などで出しにくい色は、後の管理が難しくなります。特に青緑のような中間色は、印刷時の紙質やインクや湿度などの条件によっては、緑に近づいたり青に近づいたりと色味が変わります。薄いオレンジも、やまぶき色になったり黄色になったりします。また、色によっては、特色（カラーチップ指定）と4色分解（CMYK指定）にした時でガラリと変わったりします。

7.あえて難しい特殊な色を選ぶ

「遠くから認識できる色」という条件で絞っていくと、赤、青、緑、濃いオレンジといった色味がはっきりした色になり、結果として他の企業のブランドカラーと同じ色になってしまいます。そこである程度のリスクを負っても、複雑な色や、渋い格調のある色ということも考えられます。

つまり、色の再現性の難しい、目立たないといった理由で、他の企業が手を出さない、難しい中間色にあえて決めるという手も可能性としてはあります。

8.トップがピンとくる色を選ぶ

先に述べたように、色は個人の好みがはっきりしているので、トップとして「企業をこの色に染めていきたい」というはっきりしたイメージがあれば、その色を尊重します。トップが嫌いな色に決めるよりも、好きな色で気分よく活躍してもらたほうが、その会社にとってもメリットが大きいからです。

形の鋭さを暖色でやわらげる
株式会社ポスフール

ブルーの信頼感をベースに暖色で活動感、若々しさを訴求
西日本鉄道株式会社

親しみやあたたかさを暖色で強調
日本アップケア協会（ぬくぬく）

紅葉（もみじ）をクローズアップしたカラーイメージをそのままシンボル化
もみじフィナンシャルグループ

ブランドデザインの展開　　12

デザイン展開の基本

　"ブランドの素"はブランドシンボルですが、デザイン展開の基本はブランドシンボルのほかに、次の5つの要素でできています。

　　1.ブランドカラー（とサブカラー）
　　2.社名（ブランドネーム）特別書体（和文：縦組み・横組みと、英文）
　　3.ブランドステートメント
　　4.指定書体（和文と英文）
　　5. ブランドパターン

　企業のほとんどの表現物は、以上の要素の組み合わせでできている、といってもいいでしょう。ブランドシンボルとブランドカラーについては、すでに述べてきたので、他の4要素について、以下説明していきます。

アイク シンボルの意味

「希望の象徴、健全、信頼、生きる活力」
生命・希望・力の象徴である太陽（サンライズ）をモチーフにしたデザインです。安定感のある三角形はAICの頭文字Aです。Aはアルファベットの先頭文字であり「NO.1、最高位」を表し、AICがトップクラスで常に光輝いている存在であることをアピールしています。明るい日の下、健全な開かれたイメージを全面に強調しています。
知性を感じさせる穏やかな笑顔は、人々に安心感・信頼感・親近感を与えると共に、あたたかな目で見守り、助けていく姿勢の表れでもあります。多くの人々に、生きる活力・新鮮なエネルギー・幸運をもたらす大きな太陽のような存在でありたいというAICの姿勢と、未来への大いなる可能性を感じさせるシンボルマークです。

「ライジング・アイク」
呼称を「ライジング・アイク」とします。上昇し、成長を続け、リーディングカンパニーを目指す「アイク」を象徴します。

デザイン基本要素

シンボルマーク

社名ロゴタイプ

クロスプラス株式会社

CROSS PLUS INC.

クロスプラス株式会社

コーポレートスローガン

色が交わる。夢が加わる。

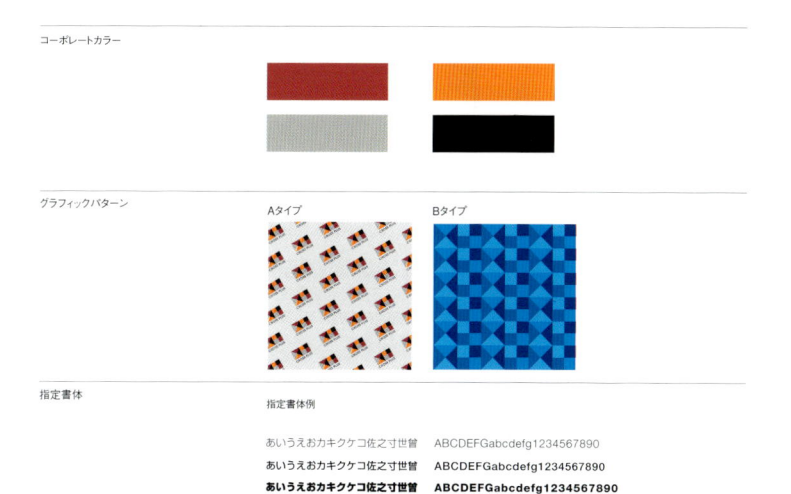

コーポレートカラー

グラフィックパターン

Aタイプ　　Bタイプ

指定書体

指定書体例

あいうえおカキクケコ佐之寸世曾　ABCDEFGabcdefg1234567890
あいうえおカキクケコ佐之寸世曾　ABCDEFGabcdefg1234567890
あいうえおカキクケコ佐之寸世曾　ABCDEFGabcdefg1234567890

ブランドデザインの展開

デザインツリー

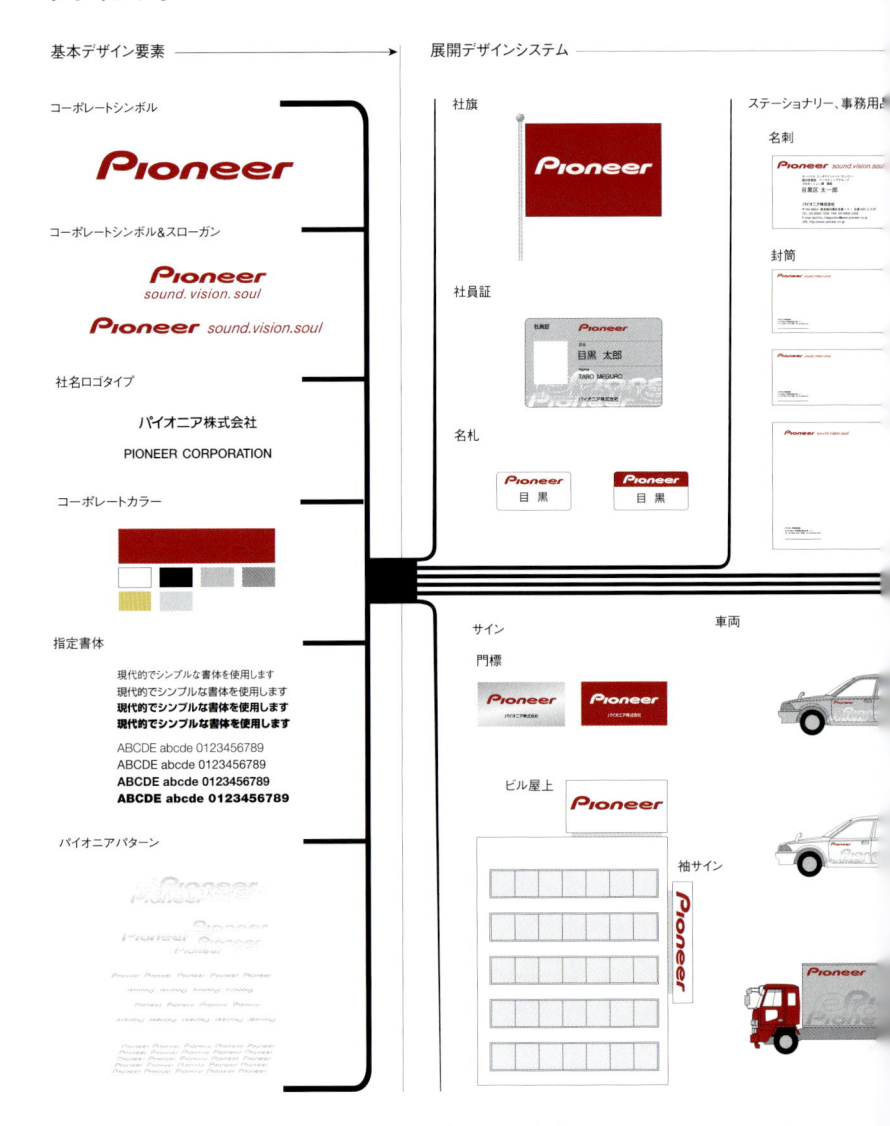

基本デザイン要素

- コーポレートシンボル
- コーポレートシンボル&スローガン
- 社名ロゴタイプ
  - パイオニア株式会社
  - PIONEER CORPORATION
- コーポレートカラー
- 指定書体
  - 現代的でシンプルな書体を使用します
  - 現代的でシンプルな書体を使用します
  - **現代的でシンプルな書体を使用します**
  - **現代的でシンプルな書体を使用します**
  - ABCDE abcde 0123456789
  - ABCDE abcde 0123456789
  - **ABCDE abcde 0123456789**
  - **ABCDE abcde 0123456789**
- パイオニアパターン

展開デザインシステム

- 社旗
- 社員証
- 名札
- サイン
  - 門標
  - ビル屋上
  - 袖サイン
- 車両

ステーショナリー、事務用品

- 名刺
- 封筒

デザイン展開アイテムの関係を示した、ブランドデザインシステムツリーです。シンボルマークを中心とする基本デザイン要素がさまざまなアイテムに組み合わせて展開されます。これらのアイテムを通じて、見る人々に新しい企業イメージをストック情報として伝えてゆきます。人々はこれらの視覚情報を、時間

ブランドデザインの展開

事務帳票類　　ニュースリリース　　　　　プロモーション用　便箋、封筒

便箋

社内便箋

紙袋　　　　　　　　　　　　　　　　　カタログ、ポスター、広告等

　と空間を越えて受け取るわけです。計算された一貫性のある伝達内容ですから、企業のビジョン達成にとって好ましい企業ブランドイメージを、繰り返しによるイメージ伝達の相乗累積効果によって、伝えることができます。

デザイン展開物の変化スピード

←――――― 永続的

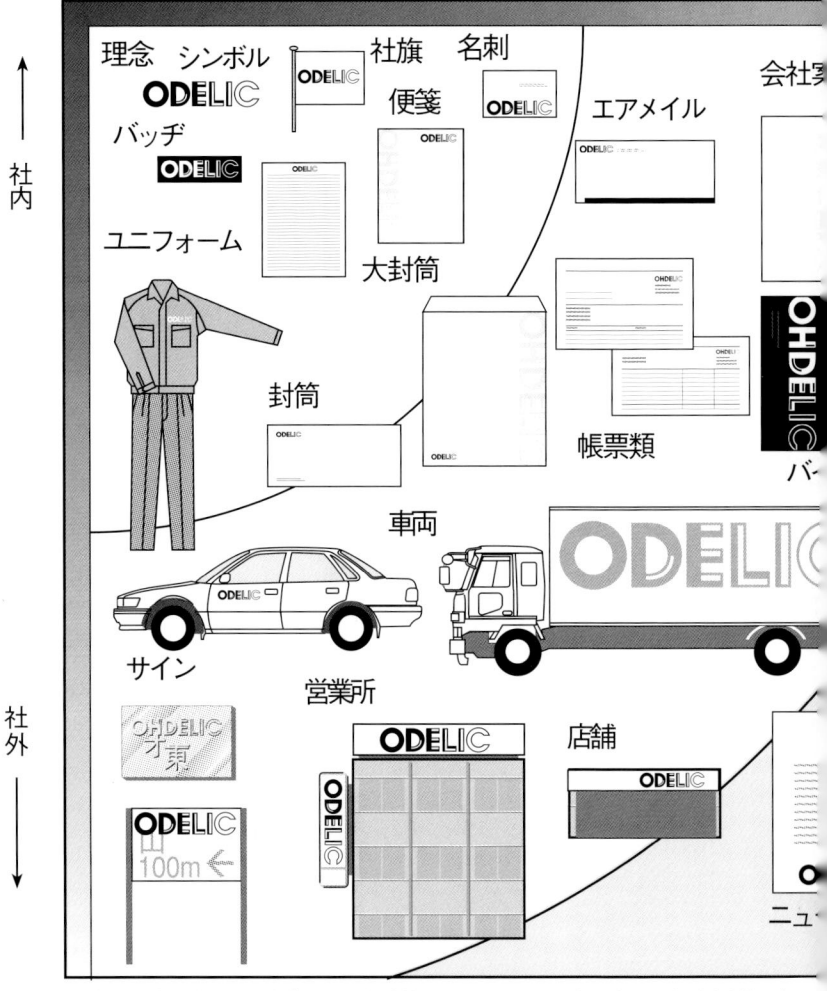

↑ 社内 ↓

理念　シンボル　社旗　名刺
バッヂ　便箋　エアメイル　会社案内
ユニフォーム　大封筒
封筒　帳票類
車両　サイン　営業所　店舗

↑ 社外 ↓

社内向けの左上部分のデザインは永続的です。しかし、右の方の一般生活者に向けてのデザイン展開物は、人々のその時々の感性に応じて、デザインポリシーを通しながらも、徐々に変化させていきます。

一時的 →

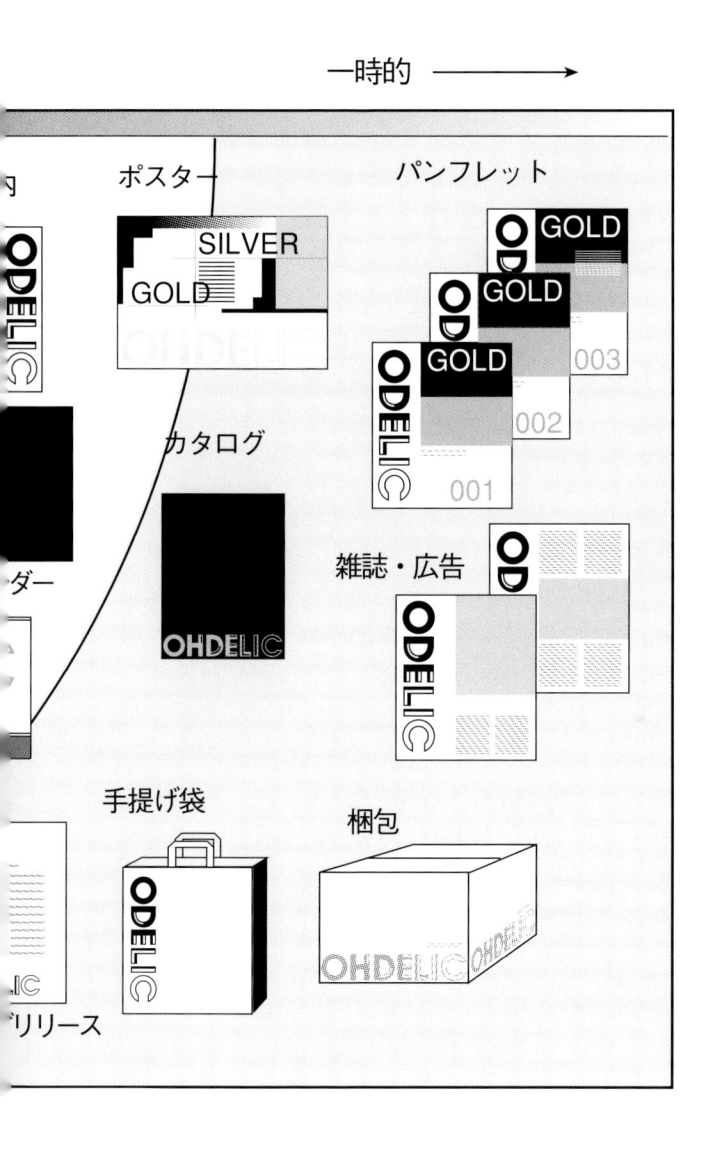

ポスター　　　パンフレット

カタログ

雑誌・広告

手提げ袋　　梱包

ブランドデザインの展開

社名(ブランドネーム)特別書体

　ブランドネームと社名が一致していれば、前か後ろに「株式会社」などを付ければ社名を表す文字にもなります。企業チーム側の特に社歴が長い人は、社名特別書体に対してシンボルと同じくらいの関心をもっていて、まだデザイン開始時点で、デザイナーが「後でやりますから」と言っても、「社名の書体を早く見せろ」と言われます。

　その気持ちもわからないではありません。これまで社名(ブランドネーム)書体が企業イメージの伝達上、大きな役割を担っていたからです。昔の会社の看板は、上に家紋的な塊のシンボルがあって、その下に大きく「○○株式会社」と、個性のある筆文字で書いてありました。シンボルがおとなしい分、社名(ブランドネーム)書体で頑張っていたのです。

　しかし現在は、シンボルが表現(感性訴求)、社名(ブランドネーム)が表示(意味訴求)というように、役割分担が明確になってきたので、表現力豊かな派手めのシンボルに対して、すっきり控えめな社名(ブランドネーム)書体の組み合わせになったのです。ということは、どの企業の書体もそれほど変わらないということになりますが、名称が違うので十分だと思います。具体的にいうと、和文は「新ゴ」や「ゴナ」といった最新のゴチック書体がベースですし、英文は「ヘルベチカ」や「ユニバース」といった一般書体を手直しせずにそのまま使います。

ブランドステートメント(ブランドスローガン)

　ブランドステートメントとブランドシンボルとをどう組み合わせるかが大きな話題になます。以前は「よいものを、どんどん安く」といったブランドステートメントを単純にシンボルの上にくっつけてセットとして使いました。その後、NECが「コンピュー

ター&コミュニケーション」というスローガンを「C&C」とシンボル化して、NECのシンボルとは離して使いました。多くの自動車メーカーも、ブランドステートメントをシンボルから独立する形で使っています。

　最近はまた、パイオニアや富士通のように、シンボルとスローガンとを組み合わせて 使うようになってきています。パイオニアは、新しいデザインを発表して2〜3年後に「sound.vision.soul」とブランドシンボルを組み合わせることになりましたが、そのためにデザインマニュアルの3分の1を作り替えることになりました。

指定書体

　イメージ統一のために企業側が使う文字の種類を制限するのが「指定書体」です。デザイナーは制約を嫌う傾向があるので、特に社外の外注デザイナーからは「統一感を出すためとはいえ、そこまで規制する必要があるのか」「アイテムの特性に合わせて文字を選ぶべきではないか」と、強い抵抗にあいます。

　日本語の文字は大きく「明朝系」「ゴシック系」「見出し文字系」に分かれます。外国語は「セリフ系」(台付き文字)「サンセリフ系」(台無し文字)「ディスプレー系」で、日本語の文字と対応させると、明朝系はセリフ系に、ゴシック系はサンセリフ系に、見出し文字系はディスプレー系に相当します。

　ディスプレー系、見出し文字系は一般の文章には使いませんので、極論すれば日本語の文字は明朝系かゴシック系しかないことになります。しかし、明朝系でもゴシック系でもどちらでもよい、ということになると、文字による統一感は出ません。ブランディングでは「文字の種類まで規定して統一感が保てる」という考えですから、使う書体はマニュアルに明記しておきます。

　文字の種類が少ないので、競合会社の指定書体と全く同じと

いう可能性はありますが、どちらかの書体に統一することが重要だという考えです。ゴシック系にもいくつか種類がありますが、例えば「○○ゴシック」しか持っていない地方の小さな印刷屋さんには、「○○ゴシック」を使うようにお願いします。ゴシックであれば、大きな問題ではありません。

　指定書体には和文は「ゴナ」や「新ゴ」といったその時の最新ベスト書体を、英文は「ヘルベチカ」「ユニバース」など、世界の名作といわれる書体をファミリーで選びます。ファミリーというのは、同じデザインで細いものから太いものまで揃っているもので、スタンダード書体ほど何段階も用意されていて種類が揃っています。

　もちろん指定書体は、ゴシック系に限ったことではありません。子供ファッション やキャラクターの会社などは「先進的、現代的」イメージよりも「かわいらしさ」を優先するので「ナール」という丸い書体にしたり、シンクタンクや情報システム会社などは「知的でシック」なイメージを出すために、明朝体を指定書体にすることもあります。

企業ブランドパターン

　代表的な企業ブランドパターン には、「シンボル繰り返しパターン」「シンボルの一部を取り出したパターン」と「シンボルの拡大解釈展開パターン」の3つがあります。「繰り返しパターン」は、窓付き封筒の裏刷りや包装紙などに使える汎用性のある便利なものです。

　「シンボルの一部を取り出したパターン」は、シンボルの一部を大きく使って企業パターンにするもので、パンフレットの表紙、ステッカーなど印刷物に使用します。新しく開発したシンボルは、アップにも耐えうる完成度と美しさをもっているので、シンボル

の一部を断ち切って画面ぎりぎりいっぱいに使用します。
　「シンボルの拡大解釈展開パターン」は、展開デザインの基といっていいほどの活躍をし、シンボルの性質を補完する役割を担います。例えば、シンボルが固いイメージだったら、柔らかく華やかな企業ブランドパターンで補完する役割も果たすのです。

企業ブランドデザインシステム

　「システム」というと大げさですが、上記のブランドシンボル＋5つの基本デザイン要素の、効果的で一貫性のある組み合わせのルールといったものが「企業ブランドデザインシステム」です。しかし、やみくもに組み合わせるのではなく、次のような一定の公式は作ります。

シグネチュアシステム

　「シグネチュアシステム」は、印刷物の最も基本的な組み合わせの規定です。基本セットは「ブランドシンボル＋社名（ブランドネーム）書体＋住所」の3点セットです。これにスローガンを加えることもたまにあります。
　この基本セットは、名刺や封筒、便箋、帳票類、広告の社名表示部分に使われます。それぞれの使用条件で、各部品の大きさ、位置、組み合わせが変わるのですが、その中で、文字が読めて主役であるシンボルが一番美しく映えるバランスを、モデルパターン化します。
　シンボルの下に社名（ブランドネーム）書体を組み合わせるものと、横に組み合わせるものの2タイプを決めておくと、たいていのデザイン展開物に対応できます。
　社名（ブランドネーム）書体には、住所や電話番号、他の事業所名、支店名が組み合わされることもあります。住所表示は、文

字数が多いので美しく表示するため神経を使います。同じ住所表示でもデザイナーが文字の種類やサイズを吟味して組んだものは、見た目に違いがわかります。デザイナーが使った神経を、そのまま他の人が実行できるように規定化したのが「シグネチュアシステム」です。

シグネチュアシステム

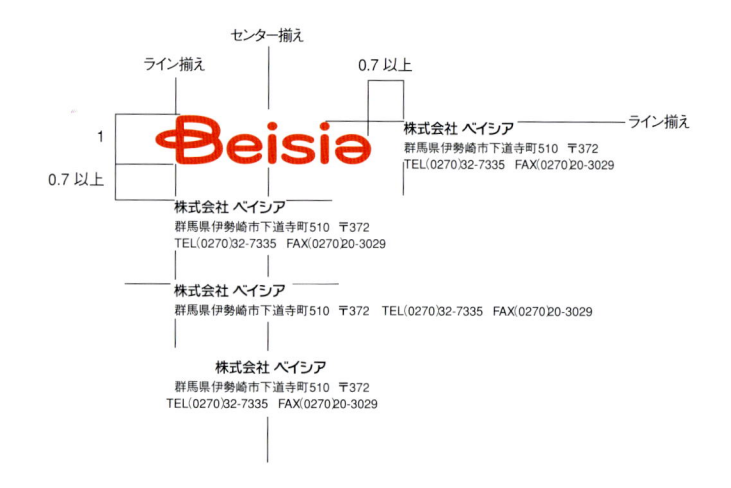

```
          センター揃え
  ライン揃え  ｜      0.7 以上
        ｜  ｜        ｜
     ┌──┼──┐     ┌──
   1 │  Beisia │     株式会社 ベイシア ──── ライン揃え
     └──┼──┘     群馬県伊勢崎市下道寺町510 〒372
 0.7 以上 │              TEL(0270)32-7335 FAX(0270)20-3029
         │
         │       株式会社 ベイシア
         │       群馬県伊勢崎市下道寺町510 〒372
         │       TEL(0270)32-7335 FAX(0270)20-3029
         │
         │          株式会社 ベイシア
         │          群馬県伊勢崎市下道寺町510 〒372  TEL(0270)32-7335 FAX(0270)20-3029
         │
         │           株式会社 ベイシア
         │           群馬県伊勢崎市下道寺町510 〒372
         │           TEL(0270)32-7335 FAX(0270)20-3029
```

不可侵領域規定（アイソレーション規定）

　シンボルの感覚情報発信の邪魔をしないように、シンボル周りに不可侵領域を設けます。わかりやすくいうと、「シンボルのすぐ近くで雑音を発してほしくないので、他のものを置かないでください」というルールです。ステージの上では主役だけにスポットを当てたいのです。主役のすぐ側をわき役がうろちょろするのを防ぐのが「不可侵領域規定（アイソレーション規定）」です。

不可侵領域規定（アイソレーション規定）

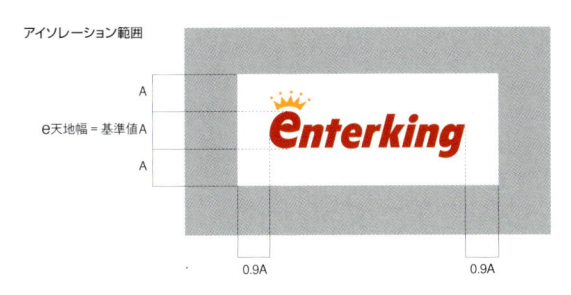

アイソレーション範囲

e天地幅＝基準値A

A
A
0.9A　0.9A

誤用例

アイソレーション範囲に他の表示要素を入れない。

アイソレーション範囲外であっても、個性の強いものや極端に紛らわしい表示要素は近づけない。

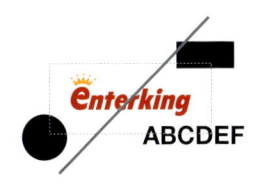

例外 1

展開物の端（エッジ）にあたる部分には、アイソレーション範囲は適用されません。

例外 2

サインやステッカー、名札など限られた表示面に大きく展開する場合は、アイソレーション範囲は適用されません。

ブランドデザインの展開

最近、名刺にキャンペーンのシンボルや国際規格取得マーク、「再生紙を使用しています」表示を入れる企業が増えていますが、もっと自社のブランドシンボルを大事にしてほしいと思います。どうしてもこうしたシンボルや表示が必要ということであれば、コストをかけてでも裏面に持っていくようにしてほしいものです。

　企業ブランドシンボルをこれから育てようとする時期は特に、周りの雑音を排除して、シンボルの保護者の役割を果たさなければなりません。

　これまでの展開物には、不可侵領域規定を適用できない例外も出てきています。特にこれまで使ってきた伝票などの帳票類には、もともとシグネチュアシステム発想がなかったので、不可侵領域規定を適応するのは無理があります。最近はほとんどコンピューター伝票で印字位置が決まっていて、動かせなくなっており、最初に設計した人がシグネチュアシステムまで考えていない場合が多く、社名を入れるのがやっとという余白しか残っていない場合もあります。

　大きな会社であれば伝票は何百種類とあり、社員や取引先が、日常的に接するアイテムなのに、これまでデザインに気を使うということはあまりありませんでしたし、伝票印刷会社の版下部門や伝票ソフト設計者が作図してデザイナーが関与していませんでした。

　アメリカ、ヨーロッパの会社の伝票をご覧になって、美しいと感激した方も多いと思います。特にドイツ、スイス、オランダなどは世界トップクラスの"美しい伝票国"です。アメリカでも例えば税金の自己申告書ひとつ取っても、わかりやすく美しいので、私も税金確定申告の書類をもらって書き込む時に感激して見とれたことがあります。一見してデザイナーが相当の時間とエネルギーを使ってデザインしていることがわかります。

これからは伝票の制作もデザイナーが関与すべきであり、それができなければ、せめてシグネチュアシステムと不可侵領域規定をコンピューターソフト設計者に手渡して、設計の段階から出来るだけ右上の位置に相当のスペースを確保してもらうようにしましょう。
　ちなみに、シンボルデザインの一部をパターン使用する企業ブランドパターンは、シンボルではないので、この不可侵領域規定は適用しません。

デザイン展開の最重要アイテム

　企業コミュニケーションプランナーの青柳俊男氏の調査によると、企業ブランドデザイン展開品目はデパートで2万8000種類、マスコミ会社で8700種類、建設会社で4600種類、機械メーカーで3400種類あります。
　企業ブランドデザイン展開の第一段階は、通常の企業コミュニケーション上最重要と思われる15〜30品目をデザインします。
　この最重要15〜30品目は、シンボルが決まった途端に「早くほしい」といつも急がされます。これらのアイテムは、デザインマニュアルを作る前に、デザインシステムを考えながら一つ一つデザインして企業トップにプレゼンテーションして承認してもらいます。
　ブランディングの最大効果品目は、サイン、店舗、車両、広告といった、外に向かって拡がるマス媒体ですが、名刺、バッジが重要アイテムだとみる重役も多く見かけます。確かにブランド企業の名刺は信用があり、ビジネスを楽にしてくれるので、常識の何倍もの時間をかけてデザインします。
　各デザインの展開品目への関わり方も、スケッチを渡してそのままという浅い関わりレベルから、版下を作って制作管理まで関

わる場合とさまざまです。デザイナーが関わる期間は浅いレベルの品目だと1週間から2か月、深いレベルの品目だと半年ということもあります。

　企業ブランドデザイナーの関わりはその段階までが多く、その後最重要15〜30品目の完成形をマニュアルにフィックスします。あとの品目は、最重要15〜30品目とマニュアルをもとに、企業内のデザイナーやこれまで関わってきた外注デザイナーが引き継ぎます。

　以下、最重要15〜30品目中、幾つかのアイテムを取り上げてみましょう。

デザイン展開アイテム1：〈名刺〉

　「ビジネスは名刺から始まる」といわれますが、名刺は初対面の名刺交換という儀式で使われる大変重要なアイテムです。最初の話題は名刺を見て、というケースも多く、相手は会社名、肩書をちらっと見て、会社と個人の値踏みをします。

　会社名を知らない場合、デザインが社の格付けを探る手掛かりになります。よく知っている会社の場合も、無意識のうちに「さすが一流会社だ」という情報を名刺のデザインから得ているのです。社名やシンボルが変わった時は、「当社はこのように変わりました」と取引先に名刺を渡し、「どうしてこのようにしたのか」といった話題がしばらく交わされます。

　日本では、名刺は"自己紹介の印刷物"を超えた存在で、社格、人格が名刺に乗り移った感じです。だから相手の目の前でもらった名刺にメモしたり、折り曲げるようなことは誰もしません。相手は侮辱されたと怒り出すからです。そのまま机の上に広げておいてもいけないし、そのまま、きちんと名刺ケースに収めて、ポケットにしまうか手帳に挟むといった茶道ならぬ"名刺道"ま

であります。

　その点外国人は、名刺は小さな情報カードという冷めた考えで、日本のような名刺交換の習慣もなく、こちらが「くれ」と言わないとくれません。その彼らも日本に来たら、名刺交換の儀式のマナーを覚え、見事にやって見せます。

　名刺に対するトップの関心は大きく、デザインも時間をかけてじっくりと作りあげていきます。名刺のデザインで必ずもめるのが「文字が小さいから大きくしろ」という指摘です。これまでの名刺に比べて、急に文字が小さくなったので心細いのだと思います。しかし、これまでの名刺は名前の文字が大きすぎました。江戸時代からの名札の名残があるのかもしれません。名札は名前が主役で木片に大きく名前だけを記してありました。今でも作家や政治家や企業のトップなど、自分に自信がある人ほど大きな文字を使いたがります。

　名刺の文字を小さくする理由は、名刺の役割が変化したことと情報量が増えたためです。以前は文字でわからせれば事足りましたが、今は企業のイメージも伝えなければなりません。美しさも必要なのです。狭いスペースの中でシンボルを美しく見せ、間を活かした美しいデザインにするためには、ある程度、文字の大きさは制限されます。そして最近はホームページのアドレス、Ｅメールのアドレス、携帯電話の番号など、個人情報も増えています。

　また、「あれも入れろ、これも入れろ」という要望も多く出ます。前述したように、国際規格取得シンボルやキャンペーンシンボル、「この紙は再生紙を使っています」という文字などです。いろいろな要素が入ってくると、55mm×91mmという狭い集合住宅で、押しあいへしあい暮らしている雰囲気になります。

　文字を小さくすることについて、一番抵抗するのは老眼が始ま

ったトップに近い人たちです。しかし、小さいといっても手元で見るものですから、新聞の活字より大きい文字であれば読めるはずです。

そうやって妥協しながら戦い取った文字の大きさも、デザイナーの手を離れた後に文字を大きくされてしまうことが多く、それを見たときは力が抜けてしまいます。

デザイン展開アイテム2：〈社旗〉

社旗は本社前、工場内、入社式などの式典の壁など、主に社内で使われますが、シンボルをそのまま使ったプレーンなデザインが一般的です。「白地にシンボル」か、「コーポレートカラー地に白抜きのシンボル」かのどちらかです。

どちらにするかは迷うところですが、「コーポレートカラー地に白抜きのシンボル」のほうが、白地に日の丸の国旗と並べた場合にバランスがよくインパクトが強いので多く採用されているようです。

ほかに、スポーツ応援用の旗や、何十万円もする優勝旗のような金ピカの豪華旗を用意する会社もあります。

デザイン展開アイテム3：〈バッジ〉

20年ほど前まで最重要アイテムだったバッジも、最近は「この際だからバッジはやめようか」という話になり、本当にやめてしまう会社も増えました。新しく出来る会社では、最初から話題になりません。

終身雇用制度が崩れ、企業への帰属意識が低下している表れでしょうか、確かにバッジをつけている人は減っています。しかし全体の風潮はそうでも、伸び盛りの"いけいけ企業"ではバッジが好まれます。

バッジは、外に向かうマス媒体ではなく内向コミュニケーション媒体です。サインやパンフレットなどに比べれば"点"でしかありません。バッジのデザインよりも、それを身につけている社員の表情や態度のほうが100倍のイメージ伝達力です。

　いまだに、企業の重役の中には「このデザインでは、バッジにしにくい」と、バッジをデザイン評価基準の中心におく人がいますが、おかしいのです。とはいっても、アイデンティティの重要な要素は帰属意識ですので、いずれまたバッジが見直される時がくると思います。バッジはその企業の一員である証しとして、安心と誇りと満足を得、求心性を強めるものだからです。

　バッジは装飾品として個人の趣味の要素が強いので、ほとんどトップの趣味で決められます。版下をバッチ屋さんに渡し、金、銀、黒、コーポレートカラーの順列組み合わせでサンプルを何種類か作ってもらい、その中から選んでもらいます。最近は金バッジが減って、近代的であるということと、どのスーツの色にも合うということから銀バッジが増えました。

　また以前は、カラーのバッジは七宝で焼いたものしかなかったので、きれいな色が出にくかったり、0.5ミリの囲み枠が必要などの理由で避けられていました。しかし最近は、エポキシ樹脂といった新しい材料も開発され、微妙な色再現も可能になってきているので、コーポレートカラーを使うことも多くなりました。、「SONY」くらいまでならフルスペルのバッジを作りますが、「MIZUNO」や「BRIDGESTONE」といった文字数になると頭文字だけをデザインしたバッジになります。

デザイン展開アイテム4：〈封筒〉
　「この際ですから、茶封筒はやめましょう」と提案すると、習慣的に茶封筒を使用してきた企業担当者はコスト面で抵抗しま

す。さらに「刷り色は1色でも増やしたくない」と言います。「これまでお金と時間を使ってシンボルを開発してきたのに、最後のアウトプットでケチるほうがもったいなくはないですか」と言うと、「そうは言っても全国への通信に使うから経費のケタが違うのだ」と差額を示され、こちらもそれ以上は言えなくてやむをえず茶封筒のままという企業もあります。

茶封筒の問題点は、見た目に古いということもありますが、印刷インクは色が付いていても透明インクですから、色が地と混ざってくすんで汚い色になることです。刷り色は黒が無難ということになり、イメージ伝達には不利になります。

こうした欠点があるため、最近では茶封筒は減ってきました。使う封筒の数がけた違いに多い、電力会社、ガス会社、電話会社、政府機関、学校などでも、普通の紙の封筒が使われ始めたからです。　私は、基本的には白封筒をお勧めしますが、中が透けてみえるから不安だという企業もあり、そのときは薄いグレーで妥協します。

封筒の発注担当者は総務部門の人で、総務の立場では封筒はオフィス備品であり、名刺や便箋まで消耗品と考えています。そして、「1円でも安く」とコストを下げる努力をしています。総務の人が最初からブランディングチームに入れば、封筒は会社のブランドイメージを伝える広報媒体だという意識に変わるのですが、そうでなければ、トップから言ってもらうしかありません。紙質や刷り色の数の差額は広告費に比べれば安いのですから、私は封筒の費用は年間広告宣伝予算から出すことをお願いしています。

封筒のデザインは、シンボルと社名はシグネチュアシステムに従って間を活かし、適切な場所に、適切な大きさで入れます。よく、企業の方は「封筒に全国の支社・支店を全部載せたい」と言われますが、どうしてもという場合は裏面にまとめるようにし

ます。封筒のサイズもこの際、A系列のものに整理するとコスト削減にもなります。

デザイン展開アイテム5：〈便箋〉

　海外との取引がある会社は、きちんとデザインされた奇麗で立派な便箋は必須です。どういうわけか日本の企業はきちんとした便箋を使いません。日本国内だけのビジネスだったらそれほど問題ないのですが、国際化している会社では実は大問題です。最初の取引の際、便箋のデザインや紙の質などでその会社の格が測られるからです。

　こうしたことは、おそらく手紙に対する意識の違いだろうと思います。欧米では、何かにつけ「話し合いの結果は、こういうことでしたよね」と手紙で確認し合います。あとで「言った」「言わない」のトラブルが少ないのはそのためです。

　合理主義の彼らが手紙を書くという面倒なことをやってこれたのはタイプライターのおかげです。私が働いていた25年前のアメリカの企業では、営業マンには必ず1人秘書がついていました。彼女たちの仕事の大半は、ボスが吹き込んだディクテーターから、タイプライターで手紙に起こすことでした。まだワープロもなくコピー機が1社に1台しかない時代でした。間にカーボンを挟んで打つと2〜3枚の同じ文面が打てました。Eメールの「CC」はこのカーボンコピーの名残です。

　タイプライターのもう一つの大きなメリットは、重要な手紙でも代筆が可能だということです。ワープロとコピー機の出現でやっと日本人が手に入れたメリットを60年も前から欧米人は享受していたのです。ひとえに文字数が少ないアルファベットのおかげです。

　欧米社会では、便箋に書いた手紙が公の書類として通用しま

す。私が最初、アメリカの移民局に仕事をする許可をもらいに行ったとき、会社の便箋に手紙を書いて持ってくるように言われました。

今、第2次大戦の歴史上のいろいろな証拠書類が公にされていますが、そのころから、きれいな便箋があったということに驚かされます。

デザイン展開アイテム6：〈サイン〉

突き出し看板（袖看板）や屋上サインは、日本独特のものです。悪いデザインのサインは、電柱サインと並んで町の景観を壊す元凶になっています。京都や札幌など一部を除いて日本の多くの町は外国の都市のように住所番地で場所がわかるようになっていないのでヨーロッパのような景観規制条例ができないかぎり、今後もなくならないでしょう。住所は入り組み、細い道は曲がりくねっているので、目的地にたどり着くための重要な目印として看板が役立っているからです。

しかし、これから環境デザインに対する意識が浸透するにつれ「自分だけ目立てば景観は構わない」という意識では、一般生活者の共感は得られないでしょう。成熟した企業ほど、環境との調和を考え、自主規制が行われています。以前のビル屋上のサインは、給水タンクや機械設備の"ボロ隠し"を兼ねていました。時代の成熟に伴い、最初から屋上もビルデザインと一体化され、ビル壁面に上品にシンボルが小さく入る程度になりつつあります。

突き出し看板も見栄えが悪いので本当は取ってしまいたいくらいですが、「目印になっているし、自分の会社だけ外せない」という企業の考えもあるので、上品で美しいデザインを提案していく必要があります。

看板の文字の大きさについては、企業チームとデザイナーとの

間で次のようなやりとりがよくなされます。名刺の文字の大きさについての攻防と同じ構図です。

　企業チーム：「看板の文字が小さいから大きくしろ」
　デザイナー：「いや、これでいかせてください。昔は家紋と社名が同等に主役だったので、大きく力強い特徴のある文字が入っていましたが、今はシンボルが感覚、文字が意味を伝えるといった役割分担がはっきりと分かれているので、文字はすっきりと読みやすい文字のほうがよいのです」
　企業チーム：「でも、遠くから読めなければ看板の機能を果たせないではないか」
　デザイナー：「都心部では他の看板やビルや木の陰になったり、遠くから見る距離の限界があります。郊外の見通しがよい場所の看板の文字が読めなくても、シンボルの形や色、文字数や外形などで十分認識できます」
　企業チーム：「いや、もう少し大きくしろ」
　デザイナー：「このくらいで勘弁してください」

　いつも繰り返されるやりとりで、私は関東地方の○○銀行の頭取と30分やりあったことがあります。他の皆がハラハラして見ていましたが、頭取も穏やかな表情を崩さなかったので、私も顔は笑いながらねばりました。そして、本社のサインだけ文字を大きくするということで納得してもらいました。
　中国地方の○○銀行の仕事では、トップとさんざんやりあって、妥協して決まった文字の大きさを、直後に担当重役が二段階大きくされ、後で見て「あの大騒ぎは何だったんだ」と、むなしくなりました。その後、同じ地域にある大手企業からデザインを依頼され、社長に会った時に、雑談でそのことを話したら、「あ

あそれで。私もなんだか文字が大きいなと感じて、知り合いの画家に話したぐらいです」と言われ、私も話してよかったと思いました。もちろん、その社長とは文字の大きさについての攻防はありませんでした。

デザイン展開アイテム7：〈店舗〉

　店舗デザインもサインと同様に目立つ重要なデザイン要素です。また一般生活者と直接関わりをもつので、これほど強烈なブランド訴求アイテムはありません。店舗の場合、必要な空間と機能与件、徹底した標準化によるコストダウンなど含め、さまざまな要素がからむので、インテリアデザイナーと協働で作り上げていきます。あまりに複雑な与件が多いために、よほど強いディレクション能力を発揮しなければ統一性がとれたデザインシステムにはなりません。

　特に、チェーン展開している店舗デザインは、町の景観に対しても責任があります。　最近は、同じ並びの見える距離に同じコンビニがあることもあります。10店舗しかない店と200店舗ある店と、全国に6000店舗も展開している店では、求められるデザインが違います。新しい業態で、店舗数が少ないほど、目立ち

たいという要求が企業側から出ます。しかしデザイナーは、「たとえ少ない店舗数でもチェーン展開は繰り返し効果で結構目立つものですから、環境を考えて強烈さよりも美しさを優先しましょう」と説得します。

　私は20年間で、メジャーなコンビニエンスストアの店舗デザインを3社手がけましたが、「コンビニもこれからは 街中で新奇で特別なものではなく、成熟期に向かうのですから、強烈な色の組み合わせは避けて、スッキリデザインでいきましょう」と提案して、青と黄色、ブルー色、緑と青のスッキリ系デザインになりました。

　その他、ホームセンター、レンタルビデオと本やゲームソフト買い取りチェーン、本屋チェーンなどの店舗デザインを建築デザイン会社と組んでやりましが、今、そのデザインを並べてみると、暖色はなく、寒色がほとんどなのは、やはり、環境の中での悪目立ちは避けたいという意識の結果でしょう。

デザイン展開アイテム8：〈車両〉

　営業車、輸送車などの車両は動くサインと見なしてよいでしょう。看板に比べ動きがあるので、勢いを感じさせ気勢が上がるデザイン展開物です。車両も街を走り回る台数が多ければ店舗チェーンと同じ考えでデザインされます。

　例えば、宅配便などの運送会社やコンビニエンスストアの運搬車、ガス工事、電気工事会社の車両など、街で幅を利かせる車両のデザインは、白またはシルバーボディーにカラーシンボルと、遠慮したデザインのほうがいいかもしれません。

　実際、東北の電気工事会社からは、「道路を走っている車を止めて工事しても、作業員が文句言われないデザインにしてくれ」という要望がありました。また、九州のバス会社では、「繁華街で自社のバスが10台以上繋がって並ぶことがあるので、これまでの大人しいデザインでいきたい」と言われました。同じ地域で九州JRがきれいな赤色のバスを走らせていたにもかかわらずです。北海道のバス会社でも、ある市の都市景観委員会から反対されて、新しいブランドデザインは採用されませんでした。

　しかし、特別な問題がなければ、車両は店舗や屋上サインに比べ、動き回る分、少々派手でも構わないと思います。都市景観委員会はバスを環境の一部と見なして、「地味で眠くなるような中間色でいくべきだ」と言います。私は「車両が街のアクセントになれば街も活気が出るじゃないか」という立場で話し合います。「どうしても企業を目立たせたいのだな」と取られがちですが、企業ブランドカラーが赤だったら、車両も赤にして、思い切った大胆なデザインにしてもよいと思います。

　新デザインの塗り直しに、トラック1台当たり何十万円もかかるのでコスト的に躊躇される企業もありますが、都市バスの全面に広告を張り付けて走らせたり、トラックに看板を背負って走り

回る商売があるくらいで、車両は大変有効なPR媒体だという認識が必要だと思います。なによりも社員の心を鼓舞します。

　中には、切り替え時に予算と時間がないから、とりあえず旧シンボルの上に新シンボルのシールを貼る企業がありますが、これはお勧めしません。シールを貼ることで一安心して、きちんとしたデザイン展開が遅れてしまいます。ひどい例では、シールを貼った状態がそのままその会社の車両デザインになってしまった極端な企業もあります。東京中を走り回っているその電話関係企業の車両を見るたびに、「あれは仮のデザインじゃなかったのか」とつらい気持ちになります。予算がなければ、1台ずつでもよいから、本格的なデザイン展開をしたほうがよいと思います。

デザイン展開アイテム9：〈企業広告、商品広告〉

　会社案内やアニュアルレポートは、企業PRを主目的に作成されますが、PRには事実を伝える面とイメージ、夢、文化を伝える面があります。しっかりしたアイデンティティをもっているブランド企業の会社案内、アニュアルレポートは、言うことに無駄がなく締まりがあります。それは、土台がしっかりしていて、言

いたいこと、言うべきことがはっきりあるからです。
　反対に、アイデンティティのない企業のものは、コピーライターの苦労がにじみ出ていて、修飾で満ちていますし、表現もフワフワしています。これでは、就職しようと考えている人、取引を考えている人、株主になろうとしている人に、数字以外、企業理念、企業文化といったアイデンティティが何もないことが伝わってしまいます。大口投資家はもちろんのこと、一般生活者や若者もすぐれた"嗅覚"をもっているのです。
　企業アイデンティティを伝える数少ない媒体である会社案内、アニュアルレポートですらそういう状態ですから、総合カタログ、商品カタログ、商品広告、チラシなどの戦術的な媒体は、なおさらブランディングを伝える配慮が行きわたりません。
　企業広告のデザインも、ブランディング展開の1回目は、ブランドデザイナーが出した案に添って作られますが、しっかりした担当者とガイドラインがないと、その後は広報、広告部門に引き渡されるので、元の行き当たりばったりの編集とデザインに戻ってしまいます。今後、広報、広告部門にもブランディングの配慮と、チェック項目を設けるべきでしょう。チェック項目もシンボルの入れ方、コピーの文体、書体、写真の取り方、色使い、配置のスタイルなど、より具体的であるべきです。
　商品広告は、それによって売れたり売れなかったりする「フロー情報」ですが、企業広告＝企業イメージという「ストック情報」を同時に一緒に伝える必要があるのです。そのためにシンボルやブランドネームの位置とスタイルを統一します。広告やカタログなどは、ブランドデザインの広がりとつながりを得るために、シンボルパターンを積極的に活用します。全体がゴチャゴチャしがちなチラシは、シンボルの周りに余白を設けたり、シンボルの背景にコーポレートカラーを敷いて独立性を強めるなどの配慮が

Brand System Tree

必要です。

デザイン展開アイテム10：〈パッケージ〉

　商品には定番商品とその他商品があります。定番商品のパッケージは一定していますが、テスト商品的なものは、広告ほど周期が短くありませんが、パッケージがコロコロ変わります。特に、パンなどの日常食品などでは、デザインを季節ごとに変える企業もあります。

　このような体質から、パッケージデザインはフロー情報と見なされ、欧米に比べてブランディングが同時に伝わる配慮が弱いようです。欧米では昔から商品特性を生かしつつ企業ブランドを売り込むといった考えが伝統としてあるので、食品などでパッケージの同じ位置に同じサイズで統一ブランドシンボルを置くという、「アンブレラ方式」はむしろ一般的です。例えば、ナビスコは左上を△に切り取って、その中に「NABISCO」という統一ブランドシンボルが入っています。

　ブランディングは、これまでのパッケージ全体を見直すよい機会です。小岩井乳業のように定番商品まで全ていっぺんに変えて成功した企業もあります。また、アサヒビールの「スーパードライ」のように、企業ブランディングのタイミングで、目先を変えて新商品を出し成功した例もあります。ビールもさることながら、あの新しい「ASAHI」のシンボルと、メタリックなパッケージの効果は絶大でした。

　パッケージを変えるのに一番反対するのは、自分が扱う商品を定番だと思っている担当営業です。「これまで商品を買ってくれた顧客は、このパッケージの形と色を気に入ってくれているのだから、変えると売れなくなる」という気持ちをもつものです。

　ある製薬会社のパッケージを統一する時も大反対に会いまし

た。理由は、暗い倉庫で取り違えたり、医療関係者が間違いやすいというものでした。「差別化は色変え、アイコン表示などで工夫します。競争相手が団体戦で戦っているのに、こちらは各個人で戦うのですか？」と言って説得しました。最終的にトップの判断で、全てのパッケージデザインを統一しましたが、その企業の競争相手は全てパッケージデザインを統一していた外国企業だったことで、私の説得が効を奏しました。

包装紙はシンボルの繰り返しパターンが活躍します。店舗やショールームを持っていない会社でも、式典等で記念品を包むために包装紙を用意します。

**デザイン展開アイテム11：
〈展示会イベントのスペース、紙バッグ〉**

展示会は文字どおり見本市で、そのまま商談に持ち込める、ライブで立体のカタログです。高い天井の大空間でアピールするためには、よほどしっかりしたデザインポリシーがなければなりません。

昨年、社員10人のベンチャー企業のクライアントが、ある展示会でドコモのすぐ横に、16分の1の小さな展示スペースを確保しました。予算も限られていましたが、デザインはロゴを主体にした1色で、ドコモのデザインに負けないくらい主張していました。

また、会場では大きめのバッグが配られ、皆が提げて歩き回って目立ちます。大きな企業の中に交じって、企業ブランディングを発表したばかりの小さな会社のシンボルが入ったバッグが目立ったりします。

紙バッグは、ブランディング発表時に式典でお得意様に記念品を入れて渡す豪華なバッグ、ビジネスショーなどで来場者に会社案内とカタログを入れて渡すド派手なバッグ、普段社員が仕事で

使用する地味なバッグなど、何種類も使い分ける企業も多くなりました。

デザイン展開アイテム12：〈ユニフォーム〉

　ユニフォームには、派手なイベント用と機能的な仕事着用があります。また、仕事着にも工場の作業着ユニフォーム、店舗の売場ユニフォーム、女性事務員が着るオフィスユニフォームなどがあります。

　ブランディングのたびに「オフィスユニフォーム廃止論」が出てくるのですが、これまでの習慣があってなかなか廃止には至りません。しかし最近は、オフィスユニフォームを廃止する銀行が出てきたり、また、行員が自由にバリエーションを組み合わせて、ユニフォームの硬いイメージを和らげる銀行もあったりで、だんだん欧米の銀行のようになってきました。

　ユニフォームは、歩くインテリアデザイン要素です。「あそこに、あの会社の関係者がいる」という目印でもあります。特にイベントユニフォームは企業ブランドのサインのような役割を果たします。

工場ユニフォームも機能重視ですが、見学者に対する見た目の格好よさや、帰属意識を高るスポーツユニフォームのような働きもします。

　ユニフォームをデザインするのはファッションデザイナーですが、企業ブランドデザイナーが、ファッションデザイナーにコンセプトを説明し、原案スケッチを渡して　何案かデザインしてもらい、トップにプレゼンテーションして選んでもらうのが普通です。しかし私は、特に女性のユニフォームについては、それを身に付ける女性社員に選ばせることを勧めています。トップが選ぶと、ついついかわいらしいデザインになりがちだからです。

　店舗などで働く女性社員のユニフォームに対する興味、関心は男性が考えている以上のものです。年齢の開きもあってデザインに対する意見がまとまることはありませんが、ユニホームプロジェクトは期待感の醸成に役立ちます。「冬は腰のところが冷える」とか「袖が引っ掛かる」とか、意外と機能的な不満が大きいので、実際に見本を1週間着て仕事をしてもらう必要があるでしょう。

　社員数が少ない企業は、ユニフォーム会社のカタログから選びます。派手な色の場合、必ずしも全体に企業ブランドカラーを使う必要はありません。どこか一部分にアクセントとして使うことで、カラーの統一感が図れ効果を出すことができます。

　ユニフォームは直接身に付けるものですから、新デザインは社員の気持ちに大きく影響を与えます。ユニホームを変えることで気持ちが切り替わり、新しい理念が浸透するスピードもアップします。

デザイン展開アイテム13：〈内装、外装〉

　社員の考え方や行動に大きな影響を与えるのは社員全体を包

み込んでしまう環境です。人を変えるには、口で説明するよりも環境を変えてしまうほうが手っ取り早い方法です。本社社屋の新築や移転にぶつかっていれば、ブランディングデザインの環境化をゼロから展開できます。

　しかし、社屋や店舗や工場の内装・外装を変えるとなると、名刺や封筒を刷り直すのとは訳が違って、お金と時間がかかります。外装となると今後20年は変える予定がないという企業も多いでしょう。社名を変えたのならしかたがありませんが、壁に取り付けられたシンボルや社名文字を取り外すと跡形が残るといった理由で、多くの企業が一番目立つ場所が取り残されて最後になってしまいます。

　環境デザインのツボといえる部分はいくつかありますが、最重要ポイントは入口とロビーまわりのデザインです。第一印象を与える入口は、本の表紙のようなものです。最近は多くの外資系企業が日本に進出してオフィスを構えていますが、どの会社も、入口に神経とエネルギーと金をかけて、日本企業とは全く別の世界を作っています。

　内装・外装は、周りの空気までデザインするので、ブランドデザイナーは、内装デザイナーにブランド理念とシンボルとカラーを渡して、デザイン展開の延長上にある空間世界を作ってもらいます。

　一定期間使用する展示会のスペース作りなら、企業ブランドデザインの主要素が100パーセント使われますが、本社入口の内装デザインとなると、アクセントまたはポイントとして活用されます。工場や店舗の内装デザインはその中間でしょう。

　もし企業ブランドカラーが赤だとすると、展示会のスペースは80％赤を使い、店舗、または工場は40％の赤、本社入口となると、グレートーンの中に5％の赤をアクセントとして使うといった

ように配分を考えます。もし三角のシンボルだったら展示会のスペースは三角の空間でいくことも十分ありえます。本社入口は、三角の角度だけを取り出した空間作りをして、アクセントとしてどこかに三角を使うといったイメージです。

デザイン展開アイテム14：〈製品〉

　工業製品を作っている企業で、製品全てが一定のブランドイメージで表現できたら戦略上どんなに有利でしょう。顧客が手元において長期間にわたって長時間、愛用してくれるからです。

　フィリップやブラウンの製品はどの製品を見ても、フィリップやブラウンです。ベンツやBMWはどれもベンツやBMWです。全ての製品にあるデザインポリシーが通っており、製品デザインの品質も高いレベルを一定に保っています。

　日本車はエンブレムを見るまでどこの車かわかりません。ソニーやシャープやパナソニック、NECも自社にデザイン管理室を持っていますが、欧米企業の製品に比べるとコントロールは緩やかです。

　昔からソニー製品を愛用してきた顧客は、客観的、全体的、俯瞰的、歴史的に端からぼんやり見て、全製品にソニーらしさを感じるのですが、ソニー社内のデザイナーが作りかけの製品を目の前にして、「いったい何がソニーデザインらしさなんだ？」と話し合っても結論は出ないでしょう。

　全製品のデザイン統一は、やはり1人の人間の感性の目が必要で、合議制やマニュアル管理では無理でしょう。欧米の企業は、トップから全権を委ねられた"デザイン独裁者"がいて、製品化する前に全てチェックしています。同業者がデザインしたものを、「これは水準に達している」「水準に達していないからこうしろ」と言うわけですから、よほど他のデザイナー全員の尊敬を集め、

また権力も与えられていなければ、仕事を遂行することは不可能です。外国企業では、こうした"デザイン独裁者"を社内に抱えたり、外部顧問にしていますが、こうした人は「〇〇社のデザイン顧問」としてデザイン業界でも有名です。

　リーダシップとデザインの統一は比例しているといってもよく、顧客も、その企業の製品がある一つの感性で貫かれていることは無意識に感じて、ブランドリピーターになるのです。

　日本企業は独裁的なことは好まないので完全な"デザイン独裁者"はいませんが、例えば、「〇〇自動社が強いリーダーに変わって、しばらくたつと車のデザインに統一感がでてきて、引き締まった、迷いがないデザインになってきた」といった印象を受けることはあります。

　全製品のデザインの質と様式の統合が難しければ、「では、せめて企業ブランドのマーキングやテンプレートだけでも先に」ということになります。大きな工業機械にはネームプレートを貼ったり、オフィスや家庭用品等の小さなものには、直接印刷するなどの方法があります。最近は大きな工業機械にも直接マーキング印刷することが多くなりました。

　パソコンや車といった製品では、ブランドシンボルの入れる位置とサイズと色は重要で、各社のセンスの差が現れます。製品のどの位置にブランドシンボルを入れるかということは、製品そのものをデザインする時点から考えておかなければいけませんが、後で無理やりスペースに突っ込んだような製品をたくさん見かけます。

　「グッドデザイン」の審査員の人から聞いた話ですが、対象が大きな機械の場合、現地に見に行く前に写真審査でふるいにかけますが、その場合ネームプレートの取り付け写真を丁寧に見るのだそうです。経験上、「ネームプレートがよいと他の部分もだい

たいよい」ということでした。

　ブランドシンボルそのもののデザインがよければ製品に大きく入れてもに気になりません。30年前日本にいたアメリカ軍のトラックの後ろ左右いっぱいに「FORDJ」と入っていてそれがサマになっていました。オフィスで使われるコピー機にも一番目立つポイントに、「CANON」「XEROX」「RICOH」のロゴが大きめにシルク印刷で入っています。反対に悪いブランドシンボルロゴをもった企業の工業デザイナーは気の毒です。コンピューターのようなデリケートで高価な商品だと、ロゴデザインのよし悪しがそのまま製品のデザインに影響するので、彼らもそのことがわかっていて小さく目立たないように入れています。

パイオニア株式会社

株式会社ファミリーマート

株式会社鈴鹿サーキットランド

西日本鉄道株式会社

アイク

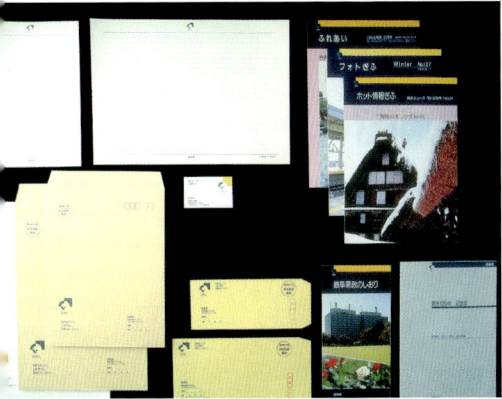

岐阜県

株式会社ベイシア

クロスプラス株式会社

GC歯科

賃貸住宅情報株式会社

跡見学園

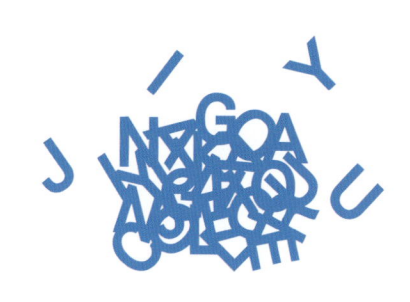

自由学園

TOKYO BAY SHINKIN

京ベイ信用金庫

HTS

ハイウェイトールシステム

SUPER MALL

パーモール

IOI

あいおい損害保険株式会社

MEGMILK

日本ミルクコミュニティ株式会社

CAINZ HOME

カインズホーム

KOKUSAI AVIATION COLLEGE

国際航空専門学校

ASANTE

株式会社アサンテ

急リバブル株式会社

札幌市交通局

ジトランスコーポレーション

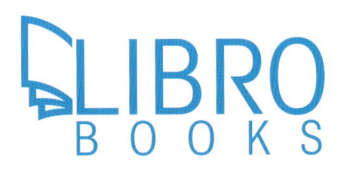

リブロブックス

ブランドデザインマニュアル 13

マニュアルの役割

　企業が発信したいイメージ情報が正しく効率よく伝わるように組み立てたものがデザインシステムです。デザインマニュアルは、デザインシステムをフィックスしてまとめたものですが、主にブランド管理者、広告や印刷の発注者やデザイナーのためのものです。そのマニュアルには2つの役割があります。一つは、デザインシステムを壊さないようにするためと、もう一つは、新たな展開物が出てきた時に、システム内で正しくデザインされるためです。「ここはこのままにして、壊してはいけない」という"法律書"と、「このように展開しなさい」という"手引書"がデザインシステムのマニュアルです。

　担当者やデザイナーが変わるたびにデザインポリシーが変わっていたのでは、イメージ形成に重要な、伝達の一貫性が保てないので、イメージが定着するにいたりません。

デザインマニュアルは、デザインシステムが壊されないように、あるいは拡散しないように引き締める役割を負っています。デザインの性質上マニュアルがないと、限りなくイメージは膨張し続け、最後には気化して空中に消えてしまうものだからです。

デザイナーによるデザインの破壊

　なぜデザイナーにマニュアルが必要なのでしょうか？ そもそもデザインの本質が"創造と破壊"だからです。本来デザインは自由なもので、デザイナーは本質的に管理されることを嫌います。

　いったん作ったシステムも、デザイナーが変わると、新たな創造と破壊を発揮するので、いっぺんにデザイン原形が壊れ、各展開物が独り歩きを始めてしまいます。システムを作ったデザイナー以外は、そのシステムを壊そうとする習性があるということです。いや、システムを作ったデザイナー自身も、これまで企業が使ってきたシステムを破壊して、新たに創造したのです。

　デザイナーは「この範囲でやれ」と枠にはめる管理マニュアルを嫌い、手渡されても抵抗を示します。特に外注デザイナーは、何か新たな付加価値を付けて納めなければデザイン料がもらいにくいので、「これまでとは違う新しいもの」を納品します。特にパンフレットや広告類を毎回新たに作り替えるグラフィックデザイナーは、マニュアルを無視する傾向が強いようです。

　その時々の商品特性とターゲットで訴求ポイントは変化し、解釈と応用展開の幅は広がりますが、マニュアルからスタートしてもらわなければ、いつの間にか、ブランドアイデンティティからはみ出してしまいます。例えば、デザインに熱心な企業が、毎回トップクラスの売れっ子デザイナーに依頼して、その時その場で最高のデザインを提供するよりも、極端な話、素人がマニュアルを見ながら頑固にスタイルを守ったほうが、相乗累積効果で全体

のブランド伝達効果は上がると思います。

ブランド管理者によるデザインの破壊

　デザインシステムのもう一つの敵は、企業内のブランド管理者、デザイン発注者自身です。ブランド管理者や、企業内の広報・宣伝担当者やハウスデザイナーは、半年もするとその人の机の回りは同じデザインで埋まってきてしまいます。来る日も来る日も同じデザインに囲まれるわけですから、次第に飽きてきて「ここらでちょっと新工夫を」という誘惑に駆られるのです。

　ところが実際は、ブランドデザインがまだまだ世間に到達したばかりで、まだ浸透すらしていないので、"飽きるのは3年早い"のです。ブランド管理者はそのことをよくわきまえて、「ミスターマニュアル」「マニュアルの番人」と陰口をたたかれながら、ワンパターンを頑固に守り続けなければなりません。

　ブランド管理者が途中で代わる時も要注意です。新しい担当者は前任者の敷いたレールの上を走るのは面白くないものです。そこで、前任者は新担当者に対して、このブランドデザインがどういう考えのもとに、どういうプロセスで出来上がったのかを、しっかり伝えることが重要です。

マニュアルに不可欠な要素

　ブランド管理者が、自由人の広告マンやデザイナーたちを管理するためのマニュアルでもあるので、「どういった思想が背景にあって、なぜこのデザインシステムになったのか」「どのような戦略をとっているのか」という裏付けが、必ずマニュアルの最初に入っていなければなりません。

　もう一つ重要なことは、「これは会社が公式に認めたデザインシステムであるから粗末にするなよ。守らないと俺が怒るぞ」と

いう社長のお墨付きです。その"重石"が含まれていて、はじめてマニュアルは「法律書」となります。

マニュアルはデザイナーのガイドライン

「これさえあればデザイナーなしでもデザインシステムを運営できる手引書」とよく勘違いされますが、違います。実際にはたくさんの例外が出てくるので、マニュアルの指針に沿った解釈をしなければならず、優秀なデザイナーは必要です。

マニュアルはブランド管理者が新しいデザイン展開物の発注時点で発注担当者とデザイナーが話し合う際のガイドラインとなります。例えば新たなデザイン展開物が出されてきた場合、新しいデザイナーがマニュアルを見ると、企業にデザイン公式があることを知ります。中にはシステムを理解できない、あるいは理解できないふりをするデザイナーもいます。"掟破り"がデザイナーの性分ですから、担当者は、デザイナーに対して次のことを事前に伝える必要があります。

・マニュアルが存在すること
・マニュアルに書いてあるシステムを大事にしていること
・納品されたデザインをマニュアルでチェックすること

優れたデザイナーなら、マニュアルの最初に書いてある理念、戦略とデザインシステムがつながっていることが理解できるので、システムを活かしたデザインに自分の創造性を効率よく発揮してくれます。

マニュアルは見かけも重要

マニュアルはパンフレットと違い「1ページ1情報」が原則で、十分に余白をもたせたぜいたくな作りにしておきます。

もう一つ、マニュアルには重要な役割があります。それは、デ

ザイン品質のサンプルとしての役割です。マニュアルそのもので
デザイン品質を感覚的に伝えるということです。そのため、マニュア
ルを制作する際は、パンフレットの何倍ものエネルギー、予算を
使います。印刷も特殊な厚紙に片面印刷です。色も特色をふん
だんに使うので、銀色や金色を含めて10色近くになるページも出
てきます。

　ふだんの広告広報活動などで使うパンフレットやチラシを作る
際、つい欲が出て「あれも入れろ、これも入れろ」と、空いてい
るスペースに余計なものを入れたくなるものです。しかし、ブラ
ンド管理者や発注担当者の机の上に理想的なデザインのお手本
があれば、外注デザイナーも「これはあなどれないな」と力が入
るので、その後の企業のデザイン活動の平均点は上がるでしょう。

　実は私も、20年前はマニュアルを「組立仕様書」「新ブランディ
ング紹介パンフ」程度に考え、16ページ、24ページのパンフレ
ット形式のものを作りました。しかし結果はよくありませんでし
た。発注担当者の机の引き出しの中で、清刷部分を切り抜いた
りして、ボロボロになって、権威も何もありません。その担当者
もいずれ別の部署に異動しますから、結果としてシステムが会社
に存在しないことになります。

　「今期の予算ではマニュアルまでは手が回らないから、とりあ
えずパンフレット形式の簡易マニュアルだけ作っておいて、来年
度ちゃんとしたものを作り直すから」と言って、後できちんとし
たマニュアルを作った会社は見たことがありません。

　したがってマニュアルは、
　・ブランド管理者の机の上に神棚として立つような厚みのあるもの
　・後々差し替えたり増やせるようにバインダー方式
　・企業内に存在するデザイン展開物の中でベストデザイン
ということであり、「システムはしっかり厚紙に印刷したマニュア

ルがあって存在し得る」と、最近は最初からマニュアルを予算の中に含めるよう強く提案しています。

ブランドデザインに関する問い合わせ先を明記

　ブランドデザイン展開に関して迷ったときの問い合わせ先を、マニュアルに載せておく必要があります。どこがブランドデザインシステムを管理しているかということを明記するのです。問い合わせを受けた場合、何時間以内にどういった形で答えるといったことも記しておく必要があります。

　また、「これから毎年○月に全アイテムを集めて、このマニュアルに沿って視覚監査する」ことや、「200X年に全社レベルで色について見直す」こと、「201X年に形について見直す」といったことも記しておくことをすすめています。

マニュアルの内容１：基本デザインシステムの説明

　マニュアルの内容は、まず、「トップのあいさつ」「ブランド理念」「ビジョン戦略」と続いて、基本デザインシステムの説明が始まります。これには、ブランドシンボル、ブランドロゴタイプ、ブランドカラーなど、基本デザイン要素の説明と次のような内容が含まれます。

・ブランドシンボルはどういう役割をもつのか？
・ブランドシンボルに込められている意味は？
・ブランドシンボルとブランドネームロゴの組み合わせ方
・住所や電話番号などとの組み合わせ方（シグネチュア）
・ブランドパターン（グラフィックエレメント）について
・看板などに応用できる形状対応の例

　なお、ブランドシンボルやブランドネームロゴ、ブランドパターンは、マニュアル内に再現用の原板を用意しておきます。「清刷り」

といって、そのまま切り取って印刷屋さんに渡したり、看板を作る際に拡大投影用の原稿にしたりします。

また、誰がコーポレートカラーの指定をしても正確にでき、素材などによって色が変わってきても調整できるよう、切り取って使える色見本を用意します。最近では、データ入稿が主流になってきたため、ブランドシンボル、ブランドネームロゴやブランドパターンなどをマスターデータとして、CD-ROMやMOで納品する場合も多くなりました。

マニュアルの内容2：展開デザインシステムの説明

次に、展開デザインシステムについての説明です。ここで各デザイン展開物の具体的なデザインの規定を示します。企業によってはアイテム数は5000アイテムもあると前述しましたが、それらすべてをマニュアルに掲載するわけにはいきませんので、名刺、封筒、便箋、帳票類、サイン（看板）などのごく基本的なアイテムと、その企業にとって重要なアイテムについて掲載します。例えば銀行の場合、キャッシュカードや通帳、証書のフォーマットが載っていることが望ましいし、流通業なら、包装紙やショッピングバッグ、食品メーカーならシールやパッケージを載せたりもします。

マニュアルの副読本

企業活動はたえず変化するので、マニュアルの不備は必ず出てきます。特に広告類、パンフレット類はデザインの解釈と応用範囲が広いのでマニュアルではカバーしきれない部分があります。マニュアルはあくまで部品と基本的な展開アイテムの組み立て方、いわゆる公式を示す程度で、パンフレットや印刷広告物のデザインはこうすべきであるといった具体例までは載せられません。

特に広告物は変化スピードが速いからマニュアルにフィックスするのには限界があります。

　ブランディングは全社を上げて行うものですから、本来ならばデザインマニュアルも社員全員に配りたいところです。しかし、マニュアルは管理者のためのもので、内容も専門的で、一般社員が理解するにはちょっと難しい面もあります。また、マニュアルを全社員に配るには高価すぎます。

　そこでパイオニアは、全社員が自社ブランドを理解して大切に取り扱ってほしいと、パンフレット形式のブランド副読本を印刷して社員に配りました。内容はマニュアルとほぼ同じで、新ブランド理念と新戦略の説明から始まって、デザインのルール集、それぞれの印刷物の「やってはいけないこと」「こうすべきだ」という例を示し、それを一つ一つ見ていくと、だんだんデザインシステムがわかるような仕組みになっています。

　また、アメリカのキャタピラー社の「コーポレートワンボイス」というブランドマニュアル読本とも言うべきパンフレットは、企業理念と戦略の説明から始まり、広告物の表現スタイルとデザインについて具体的に述べてあります。例えば、「我社は実質的な力強い会社だから、文章表現は間接話法ではなくて直接法だけでズバリ言い切ること」「文字は○○体だけ」「写真はモデルを使わないで、必ず実際に働いている人を建設機械と一緒に力強いシンプルな構図で、機械も泥がついたまま写すこと」「色も黄色を主体に、アクセントとして黒と○色と○色をこの割合で配色すること」など、一つ一つ詳しく具体的に述べてあります。企業ブランド表現のトーン＆マナー集です。

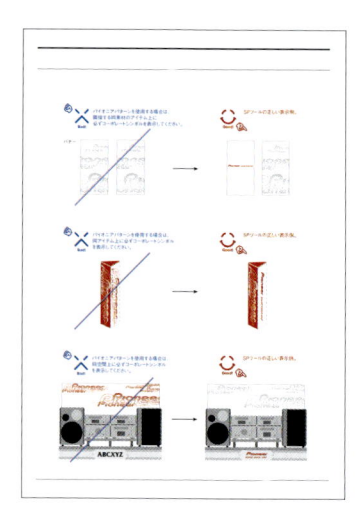

パイオニアブランドガイドブック

ブランド表現のための指導

　企業の拠点が世界中に及ぶと、事前指導が難しくなるので、事後指導の方法がとられます。パイオニアでは、定期的に世界中の支社から広告物などの印刷物を送ってもらい、ブランド管理室とブランドデザイナーが修正して「この場合、こういう理由で、こういうふうにしてほしかった」という「ビフォー＆アフター」を送り返します。

　国によってデザインの品質差は大きいのですが、1，2回繰り返すと、だんだん学習されてシステムに添ったものになってきます。IBMのブランドデザイン管理の仕方も同じ方法をとっていました。IBMの企業ブランドデザイナーのポール・ランドー氏が、世界中にあるIBMのパンフレットを集め、「ここはこうすればよかった」

と、実際のページと、ポール・ランド一氏が修正したページを比較できるように並べ、コメントを入れて、それをパンフレットに印刷して、また世界中のデザイナーに配っていました。

一冊を通しで見ていると、IBMのマニュアルを見ていない部外者の私にもIBMのブランドデザインの公式が見えてきたので、なかなか効果的な方法だと思いました。ただ単に「シンボルの使い方が正しいかどうか」だけではなく、全体のデザインクオリティーまでコメントで言及してありましたので、IBMに関わる世界中のデザイナーたちがこのパンフレットを通してIBMのデザイン思想も学ぶわけです。

社外発表キャンペーン

新しいブランド名は新しい理念の反映ですが、今まで世間に知られていたものと大きく離れていればいるほど、一般生活者には唐突感、違和感があり、最初はなかなか覚えてもらえないものです。社員も、「どうしてこんなへんなネームにしたんだろう」と、受けが悪い場合もあります。

社会への知名度の浸透は、打った広告量に比例します。例えば国鉄がJR、電電公社がNTTに変わったというのなら、すぐに社会に知れ渡ります。しかし、あまり広告を打たない中小企業になると、知名度の低下を覚悟しなければならないでしょう。

コダックの現像所としてプロカメラマンの間に知られていた「東洋現像所」が「イマジカ」に変わった時、知名度が下がって、周りからいろいろ言われましたが、企業実体が現像所から視覚プレゼンテーション企業＝「イマジカ」に変身した今では、過去の苦労話です。

「東急不動産地域サービス」が「東急リバブル」と変わった時も、各営業所の責任者から物件が売れなくなったと悲鳴が聞こえ

てきました。しかし企業実体が「リバブル」に追いついた今、これも昔話になっています。また、福武書店は20年かけて「ベネッセ」に見事に変身しました。

　新ブランド名は、知名度は落ちますが、その分、新しい企業価値を訴えるチャンスでもあるのですから、しっかりと伝達していけばいずれ必ず受け入れられるでしょう。「イマジカ」「リバブル」「ベネッセ」の社長は、一時期は知名度が下がり覚悟していたとはいえ胆を冷されたと思いますが、理念とビジョンと戦略がしっかり固まっていたので、乗り切れたのだと思います。

社内へのブランド理念浸透

　社内においては、新ブランド開発期間中は、調査で参加意識をもたせ、社内報で期待感を醸成しているので、多少の不安感もありますが大きな期待感をもって新ブランドが受け入れられます。企業変身を前提とした新ブランド発表は、硬直化した組織の体質を改善するカンフル剤にもなります。

　例えばアサヒビールの企業ブランディングの成功は業界では有名ですが、そのタイミングだったからこそ出すことが許された「スーパードライ」がヒットして、それまでビール業界で不動のトップ走者だったキリンビールを、ビール販売において追い抜いてしまいました。

　また、福武書店は当初「ベネッセ」というフィロソフィーブラントとして打ち出した時に社員達は「ベネ（良く）＋エッセ（生きる）！」と乾杯したそうです。「今日も、驚くほど生きる」というスローガンも社員や取引先の心の中でおさまりました。

　ブランド新理念の社内の啓蒙と教育活動は、テキストを作り段階を踏んで時間をかけてやります。社員は、外部の人から「新しいブランドネームとシンボルの意味は？」と尋ねられても、スム

ーズに答えられるくらい徹底的に学習してもらう必要があります。新しいブランドネームとシンボルの意味について説明するということは、理念または戦略について話すことになりますから、特に営業には、一言で説明する、2分でちょっと丁寧に話すという2種類のパターンを練習させます。

　折り畳むと名刺大になる理念を書いた小さな印刷物は多くの企業が用意しています。新ブランドネームとシンボルについての問答集をパンフレットにして配る企業もあります。また、漫画にしてブランディングを説明している高田工業所（私もデザイナーとして登場しています）のようなおもしろい例もあります。支店がたくさんある銀行ではすでにビデオ社内報が一般化しているので、音と映像をうまく使って実に感動的に説明しています。

　最も重要なコミュニケーション媒体は、なんといってもトップの生の声でしょう。社長が各支社、各工場を回って社員と直に触れ合う距離で、企業の理念とか目標とかについて話をしたり質問に答えたりして回ります。意外ですが外資系企業の2社がやったときいています。

新企業ブランドは未来の先取り

　これから3年先、生き延びられるかどうかというせっぱ詰まった気分の時に、10年〜15年先を見据えたブランディングは難しいことだと思います。アサヒビールの樋口元社長のように、自分の任期中に成果が上がり利益が得られる運がよい経営者もいますが、基本的にはブランディングは将来への投資です。新企業ブランドは未来戦略であり、新スローガンや新ネームや新デザインは囲碁でいう"置き石"です。囲碁では、弱いほうが先に何目か置かせてもらうのですが、碁盤上の点のあるところ（星）に置かれた1目は10目分の働きをすると言われています。

企業のトップは、オーナー社長でない限り任期があります。日本能率協会の畠山芳雄氏は『こんな幹部は辞表を書け』という著書で、「現在のトップの任期中にあげる実績は、前任者が仕掛けておいてくれたよい仕組みの上に成り立っている」と言っています。今あなたが仕掛けるブランド企業への火種は、後任者の、その次の後任者あたりで実を結び、その時のトップがあなたの代りに評価されるかもしれません。ブランディングは「企業の運命を託す、後任者へのプレゼント」という気持ちで取り組むことです。

　とはいっても、ブランディングの"御利益"は明日からでも享受できます。その御利益とは、「未来につながっている今」に対する精神的充足感です。『会社の寿命』(日経ビジネス編)の中のデータが示すとおり、企業は放っておけば30年で衰退します。だとすれば15年が折り返し地点です。15年で三流企業が一流企業になり、一流企業が三流企業になります。

　トヨタ自動車もNECも富士通も、元はといえば子会社で、各社初期のころ移籍させられた人で「俺のサラリーマン人生も終わり」だと感じた人もいたでしょう。業務内容が時流に乗ったこともありますが、今やこれらの企業は日本を代表する企業です。15年先のことは誰にもわからないということです。わからないからこそ、未来は自分たちの手で作ることができます。現在と未来とはそれほど強くつながっていません。過去の蓄積があるとそれだけ有利かもしれませんが、「未来は考えた通りになる」という潜在エネルギーのほうがはるかに強いはずです。企業ブランディングは未来を設計することでもあり、未来を実現するエネルギーの元でもあるのです。

おわりに

　私はこの30年間、デザインの仕事で企業や自治体、大学、病院などのブランディングのお手伝いをしてきました。そしてその仕事を通じて、社長約200人、県知事2名、市長4名、大学の理事長5名、病院長5名にそれぞれ平均3回ずつ直接お会いしました。組織のトップはみな、理念とビジョンと、それに即した戦略、行動計画を練っています。理念やビジョンはトップに近いほど鮮明に語られます。そのビジョンをシンボル化し、社の内外にバラまく仕組みを作るのが私の仕事です。

　展開アイテムは名刺、封筒、便箋、サインにはじまり、最近は全商品のパッケージ、車両、建物のデザイン、モニュメントにまでその範囲が及びます。どのクライアントも費用と時間の関係から、段階を追って作業を進めることになりますが、特に公共性の高い企業や自治体は範囲が広すぎて、シンボルは"大海の一滴"という感じがします。しかし「パレート80-20の法則」で考えると、主要アイテム（20％）に集中すれば、大部分（80％）のイメージが伝わるといえます。

　「シンボリック・アウトプット」という言葉があるように、デザイン展開は一番目立つアイテムから始めます。例えば、コンビニエンスストアなら店舗の外装、運送会社はトラック、交通会社はバスや列車や切符売り場のサイン、問屋さんだったら本社ビル、零細企業だったら名刺という具合に、それぞれブランドイメージ訴求のツボがあります。

　新宿の三善屋という仏壇屋さんのビル壁面に、大きく「心は形を求め、形は心を進める」と書いてあります。「経営も芸術だ」と名経営者は言われます。IBM2代目社長のトーマス・ワトソンのように「よいデザインは、よいビジネスだ」と、ズバリ言い切っ

た経営者もいます。
　よい経営をめざせば、必然的によいデザインを求めるはずです。まして、公共性の高い大企業は自社の美を通して町の美に貢献する義務があります。「中身さえちゃんとしてれば姿は二の次だ」という古い考え方では、これからの視覚情報化社会においては、ブランドカンパニーにはなれないでしょう。

　今から14年前に『CIデザイニング』を実務教育出版から出版しました。CIはコーポレートアイデンティティのことです。その後、CI＝バブリーという誤解もあり、「バブルがはじけて、CIどころではない」というのが世間の一般的な反応でした。
　「CI」という言葉は世間からは忘れられ、CI専門書も姿を消しました。
　しかし時代の様子は変わっても、経済や企業は同じ原理原則で動いており、新しい会社が誕生したり、急成長したり、変化し続けています。こうした状況下でも、ちゃんとした企業は、自社のアイデンティティの見直しと自己表現活動を地道に行って、しっかりとしたブランドポジションを確保しています。また、時流に乗って急成長したために、自社のアイデンティティを固めたいという企業もあります。
　こうした企業が存在し続けているから、CIデザイナーがブランドデザイナーとラベルを貼り替えて生き残れたのです。
　「企業アイデンティティ」は「企業ブランディング」と呼び名も変わりました。企業アイデンティティは企業文化寄りの経営戦略ですが、企業ブランディングはマーケティング寄りの経営戦略です。例えば、中身を変えずに商品名とパッケージデザインを変えただけで、売れたり売れなかったりという経験を通じて、ブランディングのほうがアイデンティティよりもわかりやすいし、即

効性があるというイメージをもっています。

　1996年CIの先輩たちが集まって「日本CI会議体」という学会を作り、私も加えていただきました。「現実的に考えて『日本ブランド会議体』に名称変更しましょう」と主張しましたが、「君はアイデンティティがわかっていない」と、先輩方に一蹴されました。　しかし「日本CI会議体」の活動は私にとって大変有意義なものでした。例えばPAOSの中西元男さん、IDEXの深見幸男さんといった、以前はお近づきにもなれなかった日本のCIの先駆者に「こんな秘伝まで」と思うことまで、他の仲間と一緒に教えていただきました。

　中西さんからは「CIは企業だけではなく、地域を、文化までを変えていく」ということを、INAXやベネッセなどのケーススタディを通じて教えていただき、深見さんからは「アイデンティティ研究会」を通じて、深見さんのライフワークであるアイデンティティについて教えていただきました。

　その他、IDEX社長の草壁伸雄さん主宰の「ブランド研究会」では、さまざまなケースを皆が持ち寄って研究しました。

　10人前後の会社を経営して20年がたちました。実験の意味もかねて自社の企業ブランディングもやりましたが、会社というのは複雑でいろいろなことが起こり、一筋縄ではいかないことも実感してきました。一時期スタッフが20人近くになったこともありますが、10人前後が自分の器に合っており、またデザインの品質維持にも適しているというのが今の率直な気持ちです。

　この6年間、心理カウンセリングに興味をもち、勉強を続けてきました。というのも「アイデンティティ」という言葉が発達心理学のほうから来ているということで、「商売でアイデンティティという言葉を使わせてもらいながら、知らないというのでは言葉に失礼に当たる」と思ったからです。

心理学者のE.H.エリクソンが作った「アイデンティティ」という概念を、私のアメリカ時代の会社のボスでありデザイナーのウォーターマーギュリーズ氏が「これは使える」と考え、「コーポレート」とセットにして「コーポレートアイデンティティ（CI）」という造語にした因縁がありました。エリクソンもマーギュリーズもヨーロッパからのユダヤ系移民で、マーギューリーズにはフランス訛りの英語でよく会社で声をかけてもらいました。

　本書の完成には3年かかりました。実務教育出版の島田哲司さんには、原稿が遅れたことをおわびし、また、これまで見捨てないでお付き合いいただいたことに心からお礼を申し上げます。本書の構成をして下さった高田城さん、これまでデザインを依頼してくださった多くのクライアントの方々、プラクシスを通過していった36人のデザイナーと、今も働いてくれている10名のデザイナー諸君にも感謝します。

　　原田　進

「エリクソンの発達理論」ライフサイクル論を、筆者がアレンジ

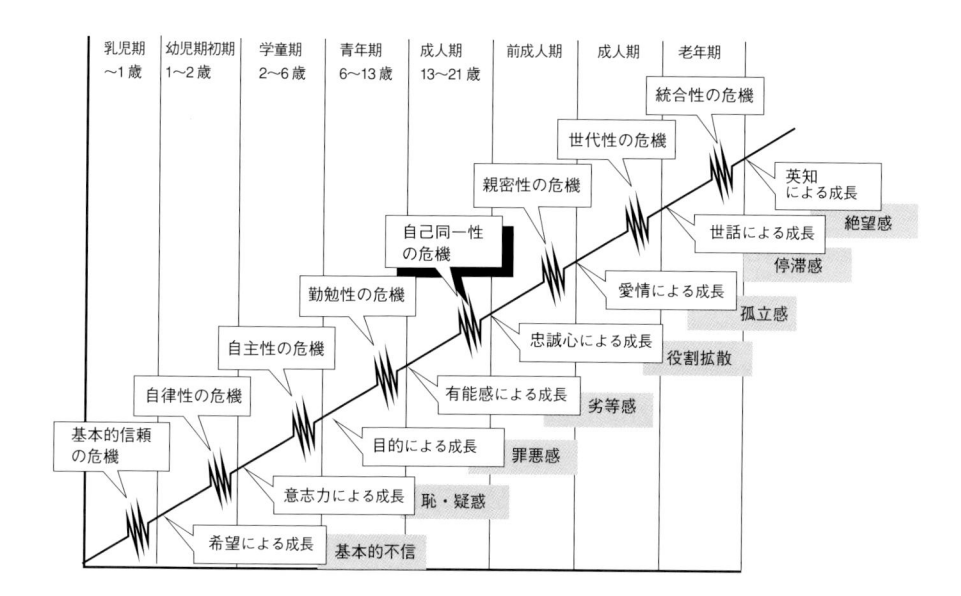

乳児期 〜1歳	幼児期初期 1〜2歳	学童期 2〜6歳	青年期 6〜13歳	成人期 13〜21歳	前成人期	成人期	老年期

図中の危機と成長：
- 乳児期：基本的信頼の危機 → 希望による成長 / 基本的不信
- 幼児期初期：自律性の危機 → 意志力による成長 / 恥・疑惑
- 学童期：自主性の危機 → 目的による成長 / 罪悪感
- 青年期：勤勉性の危機 → 有能感による成長 / 劣等感
- 成人期：自己同一性の危機 → 忠誠心による成長 / 役割拡散
- 前成人期：親密性の危機 → 愛情による成長 / 孤立感
- 成人期：世代性の危機 → 世話による成長 / 停滞感
- 老年期：統合性の危機 → 英知による成長 / 絶望感

人間の成長過程において、例えば乳児期には基本的信頼の危機を乗り越えて、希望を獲得し、もし失敗すれば、基本的不信を獲得してしまう。また成人期に、アイデンティティの危機をクリアーできれば、忠誠心を獲得し、それに失敗すれば役割拡散におちいってしまう。人それぞれなんらかの積み残しがあり、一生かけて獲得していくものである。

プラクシス（株）代表
ブランドデザイナー
原田 進

Photo by Tsugio Nishimura

経歴

1965年	筑陽学園産業デザイン科卒
1967～70年	土方、沖仲仕、運転手
1967～70年	パッケージデザイナー馬場利定氏に師事
1971～74年	福岡でフリーランスのグラフィックデザイナー
1975～77年	サンフランシスコのアカデミーオブアート大学デザイン科で学びながらマイケル・ダッテル、ハワード・ヨーク師に師事
1977～79年	ニューヨークのリッピンコット・アンド・マーギュリーズ社でデザイナーとして働く
1979年夏	ロンドンのミナーレ・タターズフィールド・アンド・パートナーズ社にデザイナーとして参加
1979年秋	ニューヨークに戻り、フリーランスで仕事をしながらプラット大大学院で環境デザインを専攻
1980年秋	帰国。株式会社パオス入社
1981年春	パオス退社後独立、フリーランス
1984年春	プラクシス株式会社設立
1992年	福岡オフィス設立
1986～96年	日本デザイナー学院、桑沢デザイン研究所、多摩美術大学でCI論を教える

実績

1976年～1980年
サンフランシスコでのフリーランスとニューヨークのL&M社、ロンドンのMT/P社にて、参加
フレンドリーチェーンレストラン（米）ファーストユニオン銀行（米）ビザ社（メキシコ）ペトロン石油（カナダ）シルバークーゲルチェーンレストラン（スイス）　ABM広告代理店（英）ラバッツビール（カナダ）ロンドン地下鉄北線駅計画（英）エノトリアワイン（伊）他
1981年～独立後
ホーネン　スズカサーキット　トーメン　ジーシー歯科工業　カインズホーム　日本製紙　アサンテ　岡山県　新潟鉄工　松尾建設　山形交通　アイコクアルファ　熊本放送　三井倉庫　日本能率協会　ヤマザキマザック　フタタ　豊田自動織機　ゼビオ　京葉銀行　カワボウ　東急リバブル　宮崎市　日本海ガス　住友電気工業　高岳製作所　豊田通商　筑水キャニコム　クレディア　カワイスチール　セビックカメロク　スリオンテック　トーエネック　ゼネラルアサヒ　扶桑レクセル　三菱商事石油　高田工業所　ユアテック　ハイウェイトールシステム　インクテック　日本道路公団　安川電機　アンビア　跡見学園　フジトランスコーポレーション　日本物産　ベイシア　南山大学　リテラクレア証券　三井ハウス　ドコモドットコム　ファームドゥ　西日本鉄道　明治薬科大学　アイク　クロスプラス　JR東海パッセンジャーズ　日本ミルクコミュニティ　ルネサンス　あいおい損保　MTFG　パイオニア
など500社以上のCI

AmeriTrust

アメリトラスト銀行（アメリカ）

VEREX

ヴィレックス投資・財産・保険会社（アメリカ）

SPECIAL'S

スペシャルズレストラン（アメリカ）

BDP/MTP

BDP/MTP社（イギリス）

ABM

広告代理店ABM社（イギリス）

エノトリアワイン社（イタリア）

ELECTRO LAND
전자랜드

エレクトロランド（韓国）

KUKJE HWAJAE INSURANCE

国際火災（韓国）

JUNG MYUNG	SAM PUNG
中明建設（韓国）	三豊綜合土建（韓国）
Chenergy	ARTETJE
中華石油（台湾）	中国画材
YKK ワイワイワイ	RKK
子供向総合ショッピングセンターワイワイワイ	熊本放送
JMA JAPAN MANAGEMENT ASSOCIATION	FM IWATE
日本能率協会	エフエム岩手

TOKYO SUMMIT 1986	UTORIA
東京サミット1986	山形交通
SOLARIA	toyoken
複合施設ソラリア	東洋軒
A BANK	UP NIPPON UNIPAC
京葉銀行	日本ユパックホールディング
TOKIWA	HONEN
トキハデパート	ホーネン・コーポレーション

TOKYO GAS CHEMICALS	HUMAN R&D
東京ガスケミカル	ヒューマンランド
Japan Amusement Agency	TAKADA
ジャパンアミューズメントエージェンシー	高田工業所
CREDIA	MATSUO
クレディア	松尾建設
GA	エイブル
ジーエー	エイブル

COMO	Mitsui House
コモ	三井ハウス
WORKMAN	KAWAI STEEL
ワークマン	カワイスティール
(キャダムシステム ロゴ)	WOW
キャダムシステム	WOW
NOMURA HOME	NATS!
ノムラホーム	株式会社日本エージェントテクノロジーズ

この本で使用した事例は
ソニー、資生堂を除き、全てプラクシスがデザインしたものです。

プラクシス株式会社
東京都新宿区市谷本村町2-30,2F 〒162-0845
TEL　03-3268-3951
FAX　03-3268-3980
E-mail　info@praxcis.co.jp
URL　http://www.praxcis.co.jp

企業ブランドデザイニング
2003年9月30日　初版第1刷発行

著者	原田　進
発行者	小田島保彦
発行所	株式会社 実務教育出版
	東京都新宿区大京町25　〒163-8671
	振替 00160-0-78270
	TEL 03-3355-1951（販売）03-3227-2215（編集）
印刷	株式会社 文化カラー印刷
製本	石毛製本所

©SUSUMU HARADA 2003 Printed in Japan
乱丁・落丁は本社にておとりかえいたします。
ISBN4-7889-0710-0 C2034